Seja o primeiro a saber

Dados Internacionais de Catalogação na Publicação (CIP)
(Câmara Brasileira do Livro, SP, Brasil)

Souza, José Carlos Aronchi de
    Seja o primeiro a saber : a CNN e a globalização da informação /
José Carlos Aronchi de Souza. – São Paulo : Summus, 2005.

Bibliografia.
ISBN 85-323-0226-2

1. CNN (Rede de TV norte-americana) 2. Comunicação de massa
3. Geopolítica 4. Globalização 5. Telejornalismo 6. Televisão - Estados
Unidos I. Título. II. Título: A CNN e a globalização da informação.

05-6304   CDD-302.234506

Índice para catálogo sistemático:
1. CNN : Geocomunicação e globalização : Sociologia   302.234506

Compre em lugar de fotocopiar.
Cada real que você dá por um livro recompensa seus autores
e os convida a produzir mais sobre o tema;
incentiva seus editores a encomendar, traduzir e publicar
outras obras sobre o assunto;
e paga aos livreiros por estocar e levar até você livros
para a sua informação e o seu entretenimento.
Cada real que você dá pela fotocópia não autorizada de um livro
financia o crime
e ajuda a matar a produção intelectual de seu país.

JOSÉ CARLOS ARONCHI DE SOUZA

Seja o primeiro a saber
A CNN e a globalização da informação

summus
editorial

SEJA O PRIMEIRO A SABER
A CNN e a globalização da informação
Copyright © 2005 by José Carlos Aronchi de Souza
Direitos desta edição reservados por Summus Editorial

Assistência editorial: **Soraia Bini Cury**
Assistência de produção: **Claudia Agnelli**
Capa: **Alberto Mateus**
Projeto gráfico e diagramação: **Crayon Editorial**
Fotolitos: **Join Bureau**

Summus Editorial
Departamento editorial:
Rua Itapicuru, 613 – 7º andar
05006-000 – São Paulo – SP
Fone: (11) 3872-3322
Fax: (11) 3872-7476
http://www.summus.com.br
e-mail: summus@summus.com.br

Atendimento ao consumidor:
Summus Editorial
Fone: (11) 3865-9890

Vendas por atacado:
Fone: (11) 3873-8638
Fax: (11) 3873-7085
e-mail: vendas@summus.com.br

Impresso no Brasil

A Lilia e Júlia, pela paciência inesgotável durante a realização deste livro e pelo amor, carinho e incentivo constantes.

A Octávio Ianni (in memoriam)*, por ter me deixado um exemplo de que intelectual é aquele que consegue fazer os outros pensar e aprender sem fazer mistérios.*

Tudo posso naquele que me fortalece.
Filipenses, 4:13

Agradeço a Deus por ter me dado forças para terminar este trabalho e Lhe peço perdão pelos momentos em que me esqueci disso.

AGRADECIMENTOS

A todos os que deram uma inestimável colaboração nos momentos mais cruciais: Adolpho Queiroz (pelas férias interrompidas); Ana Paula da Costa (pelo trabalho de transcrição); Anamaria Fadul (pelas opiniões sobre a internacionalização da mídia); Ari Vereda (pela "cobertura" nas aulas que ministramos); Celso, Leila, Adriana e Vítor Affinni (pela casa sempre aberta para hospedagem, refeições e carinho); Cilete Victor (pela compreensão nos momentos finais de realização deste livro); Cristina Schmidt (pela amizade e sugestões serenas); pastor Eduardo Henrique Ferraz (pelas orações e pelo incentivo); José Luiz Proença (pelas observações pontuais); Laurindo Lalo Leal Filho (por ter confiado no meu trabalho e me orientado serenamente); Luiz Koshiba (pelas sugestões bibliográficas); Luiz Henrique e Andréa Garcia (pelas gravações de programas nas madrugadas); Maria Immacolata Vassollo Lopes (pela amizade e colaboração fundamentais); Octávio Ianni (por ter aberto a porta e tirado as pedras das minhas idéias); e aos colegas, irmãos e alunos que me incentivaram de diversas maneiras e nas várias etapas de elaboração desta obra.

Empresas e Instituições: CNN — Cable News Network; FacFito — Faculdade de Ciências da Fundação Instituto Tecnológico de Osasco; Umesp — Universidade Metodista de São Paulo; Uninove — Centro Universitário Nove de Julho; UniSantos — Universidade Católica de Santos/Facos.

Sumário

Prefácio 11

Comunicação e globalização 15
Por que "ela" e não outra? 19
"Ceenenização" do telejornalismo 25
Aldeia global, guerra e a CNN: o triângulo amoroso invisível 31

Capítulo 1
A globalização da informação: do pombo-correio ao míssil Patriot 35
Globalização, hegemonia e geopolítica 35
O impulso eletrônico para a mídia internacional 42
Publicidade: investimento e retorno garantidos 46
O papel das agências de notícias e TVs internacionais:
    a distribuição de imagens e informações para a TV 50
O "glocal" mediando o global e o local 59

Capítulo 2
A televisão no mundo da informação eletrônica 63
A aldeia global: uma visão midiática da globalização 63
O príncipe eletrônico: um prenúncio da hegemonia via TV *all news* 69
Tecnologia e desenvolvimento da TV via satélite 73
Formatos da informação na TV 77
Telejornalismo: de onde vem, para onde vai 84

Capítulo 3
A gênese da CNN 88
O gênero *all news* 88
O mentor aventureiro e o resumo da aventura 89

A comunicação na/para a guerra   104
As relações com o poder   110
A chegada da concorrência   113
Al-Jazeera: notícias com puro sangue árabe   115
Os prós e contras da pioneira: o confronto das técnicas e da ideologia   119

Capítulo 4
Vamos à guerra com a CNN   126
A estratégia da programação   126
A amostra da pesquisa   127
A programação durante a Guerra do Iraque   133
Programas e matérias apresentados no primeiro dia da guerra entre
    Estados Unidos e Iraque (20/3/2003)   133
Programas e matérias apresentados no meio da guerra entre
    Estados Unidos e Iraque (10/4/2003)   137
Programas e matérias apresentados no último dia da guerra entre
    Estados Unidos e Iraque (1º/5/2003)   140
Dados da pesquisa   143
Tabela de identificação das matérias dos programas da CNN   144

Conclusões   152
Geocomunicação por meio do fluxo internacional de notícias   156
Considerações finais   161

Anexos   165
Entrevista com o sociólogo Octávio Ianni   165
Discurso do presidente dos Estados Unidos, George W. Bush,
    declarando guerra contra o Iraque   178
Pronunciamento do presidente do Iraque, Saddam Hussein, no
    primeiro dia da guerra declarada pelos Estados Unidos   181
Discurso do presidente dos Estados Unidos, George W. Bush,
    declarando o fim da guerra do Iraque   184

Bibliografia   193

Prefácio

A televisão chegou ao final do século passado como o mais importante elemento estrutural do capitalismo. É ela que acelera a relação produção–distribuição–consumo, fazendo girar com grande rapidez a força motriz do sistema. E não o faz apenas como veículo propagandístico de produtos e serviços, mas reforça e dá sustentação a esse papel inculcando valores, hábitos e modos de vida. Se, por hipótese, retirássemos a televisão desse circuito, com certeza o sistema viria abaixo. Seria como retirar um *piloti* de uma obra da arquitetura courbesiana.

Os últimos redutos ainda imunes ao comercialismo televisivo caíram nas últimas décadas do século XX com a privatização de canais públicos e estatais na Europa ocidental. Estava aberto o caminho para a unificação do mercado global por meio da televisão. O modelo norte-americano, seguido pelo Brasil, conquistava o mundo, fazendo da televisão uma vitrine de produtos globalizados e idéias uniformes.

É disso que trata, ainda que indiretamente, por meio de minuciosa pesquisa, este livro de José Carlos Aronchi. Com riqueza de dados, ele mostra o papel estratégico exercido pela CNN como articuladora dessa nova etapa histórica do capitalismo. Não basta ao capital produzir e vender mercadorias, é preciso convencer o público de que elas são importantes para a vida e podem, se adquiridas, trazer felicidade. Não é tarefa fácil, tal o número de quinquilharias e inutilidades lançadas no mercado. Por isso, à propaganda se soma a informação cuidadosamente selecionada, capaz de criar um mundo simbólico onde resida a verdade absoluta do pensamento único. Mundo onde o consumo deixa de ser meio de sobrevivência para se tornar o caminho da realização espiritual.

Aronchi mostra ao leitor como, na situação-limite de uma guerra, as cautelas se enfraquecem e as motivações ideológicas se escancaram. Há um modo de vida a ser defendido e outro — sempre apresentado como grande ameaça — a ser destruído. Aqui não cabem mais sutilezas, e o livro mostra como se dá a incorporação da CNN no esforço de guerra dos Estados Unidos, analisando a cobertura de três momentos diferentes da invasão norte-americana do Iraque. O último, apresentado com toda ênfase como sendo o do dia da vitória, mostrou-se uma farsa, pois a resistência aumentou e a guerra prosseguiu.

Escrito quase no "calor da hora", este livro torna-se um documento importante para todos os que, daqui para a frente, quiserem entender melhor o papel da televisão na manutenção da ordem mundial. Sem ela, a força dos canhões se imporia ao mundo de qualquer forma, mas com certeza com um índice de cumplicidade social muito menor, particularmente dentro do próprio país-invasor.

Por sua característica documental, o trabalho de José Carlos Aronchi incentiva e aguça novas e variadas reflexões sobre o dramático papel da televisão na virada para o século XXI. A TV segue falando e se impondo às massas, mas o modelo analisado passa a ser incorporado por forças antagônicas. Surgem as emissoras noticiosas árabes com formato semelhante ao da CNN, transmitindo, porém, um conteúdo diferenciado. Modelo que chega à América Latina com a implantação da TV Sul, emissora de caráter nitidamente antiimperialista.

Sem esquecer o crescimento da audiência do canal internacional da BBC dentro dos Estados Unidos durante os momentos mais críticos da invasão, atendendo um público descrente da

CNN e da Fox News, esta ainda mais comprometida com a política imperial de Washington que a emissora criada por Ted Turner. E mais, graças à Internet, milhões de pessoas saíram às ruas em todo o mundo, no mesmo dia, para clamar contra a invasão do Iraque. Esses exemplos não abalam o papel estrutural da televisão para a sustentação do capitalismo, mas mostram que ele sofre alguns arranhões em momentos de grande tensão.

São fatos que só reforçam a necessidade de conhecer, como Aronchi faz com muita competência, o cotidiano de uma cobertura jornalística comprometida com um projeto de dominação global. Projeto que, apesar da poderosa combinação militar-jornalística, não se consuma totalmente porque, como dizia Adorno, "uma sociedade cujas contradições fundamentais permanecem inalteradas tampouco poderia integrar-se na consciência".

Ainda bem.

LAURINDO LALO LEAL FILHO

Comunicação e globalização

Se o diretor de um grande jornal disser para uma grande empresa de publicidade: "Não quero anúncio na revista X", a empresa de publicidade não dá anúncio para aquela revista, evidente. Então, democratizar significa, inclusive, quebrar esses esquemas. Agora, eu entendo democratizar também no sentido de que a mídia deve ter a coragem de registrar o que realmente está acontecendo no país, na América Latina e no mundo. Quem de nós sabe o que realmente está acontecendo na África? Essa é a realidade. Por que não sabemos? Porque não queremos saber? Não, porque a mídia está monopolizada para enfatizar certos temas e esquecer outros. Você que trabalha na mídia sabe disso: que esquecer é a mais cínica e sofisticada técnica de censura.
Octávio Ianni

O aparecimento de grandes empreendimentos mundiais em vários segmentos econômicos tem sido gerado pela onda globalizante proposta para o novo milênio. Na mídia, alguns veículos se anteciparam ao modelo econômico do fim do século XX e lançaram, há décadas, títulos de periódicos de circulação mundial, com traduções regionalizadas, reaproveitando fotos, entrevistas e até mesmo a arte-final e a diagramação. Por meio da comunicação eletrônica, as agências de notícias espalham reportagens, histórias e fotos reproduzidas tanto nos grandes jornais quanto na pequena imprensa de bairro. A televisão, desde o seu surgimento na primeira metade do século XX, também acelerou o processo de reaproveitamento internacional das suas produções, fazendo alguns programas correrem o mundo com gêneros de sucesso centrados, principalmente, em peças de ficção, documentários e no esporte.

Não se pode afirmar que foi o processo de globalização que estimulou a circulação de peças comunicacionais, porque alguns exemplos datam do século XIX. Porém, também não se pode desprezar a relação da mídia com a globalização. Não é novidade que determinados gêneros da comunicação de massa são bem-aceitos na íntegra e consumidos internacionalmente. O cinema atrai milhões de espectadores e fez sucesso em vários períodos econômicos distintos ao longo da história. Um dos aspectos que facilitaram a exportação e a importação de produtos de mídia foi a falta de exigência, por parte do público, de que as empresas de comunicação que distribuem os produtos impressos ou eletrônicos fizessem adaptações de acordo com as regiões, bem como uma aceitação quase amorfa do que é lido, ouvido ou assistido. Quando muito, tais empresas limitam-se a traduzir textos e diálogos.

No bolo de informação e entretenimento servido pela mídia ao mercado mundial estão os jornais, as revistas — semanais e especializadas —, o cinema, as novelas e os seriados, os documentários e os desenhos animados, entre outros formatos impressos e audiovisuais. Muitos datam de meados do século XX; portanto, sua distribuição mundial apenas supunha uma relação com a atual fase de globalização.

No caso da televisão, o sucesso com o público "globalizado" multiplicou-se na mesma medida do desenvolvimento tecnológico. Na década de 1950 eram as películas com filmes, programas de humor e infantis que circulavam entre as emissoras do mundo todo. Nos anos 1960 surgiu o videoteipe, que baixou os custos de produção e distribuição. A ampliação do número de satélites, já na década de 1970, tornou-se um elo facilitador do mercado global, que passou a transmitir programas e eventos para a TV "ao vivo". Mas até os anos 1980 ninguém tinha arriscado manter uma programação transmitida mundialmente em tempo real (ao vivo) por 24 horas. Não havia mercado, pensavam os empresários, para manter uma proposta tão ousada.

Em 1980, o mundo já se preparava para os altos e baixos da economia mundial que aterrorizava, com o desemprego, os países mais ricos, e, com a miséria e a recessão, grande parte do planeta ainda em desenvolvimento. Era a concretagem dos alicerces da globalização. Tão próximo do fim do século, com a idéia da "aldeia global" exposta e em execução por vários veículos de comunicação que formaram redes de rádio, TV e jornais, não partiu de nenhum desses grupos consolidados a iniciativa de um canal mundial de notícias, a exemplo do que já ocorria com as agências noticiosas, porém com imagens e reportagens 24 horas no ar.

O investimento no empreendimento de televisão mais audacioso e de maior cobertura do globo veio de um jovem empresário norte-americano, Ted Turner, que já possuía negócios na área da comunicação. Turner acabou entrando para a história da globalização da TV com a implantação da rede de televisão CNN (Cable News Network, ou rede de notícias por cabo), transmitindo sua programação jornalística via satélite, ao vivo, para todo o planeta. Desde o início, a transmissão não se limitou às imagens gravadas e de estúdio — ela já nasceu com o propósito de cobrir os acontecimentos do mundo, com repórteres espalhados pelas principais cidades e com a colaboração das maiores redes de televisão do planeta, que já tinham seus sinais interligados por satélite. O auge dessas coberturas se deu justamente em conflitos militares apoiados e iniciados pelos Estados Unidos. As guerras passaram a ser sinônimo de reportagens da CNN. E isso passou a ser reconhecido por vários meios de comunicação que reproduzem as informações transmitidas pelo canal, em tempo real, para todo o mundo.

Com a chegada da TV pela internet, outros fatores começaram a incorporar o conceito de televisão globalizada. Na fase atual, a tecnologia ultrapassou a do aparelho de TV e incorpora a tecnologia computacional, inaugurando "o consumo do próprio processo de consumo, muito além do seu conteúdo e dos produtos comerciais mais imediatos. É preciso falar de uma espécie de bônus tecnológico de prazer proporcionado por essas novas máquinas e, digamos simbolicamente, encenado e ritualmente devorado em cada sessão de consumo da mídia".[1]

A globalização de um veículo como a televisão é problemática e contraditória, pois insere em seu contexto questões como integração, fragmentação, nacionalismo, regionalismo, racismo etc. Aí entra a visão do imperialismo norte-americano, que, por meio de sua dominação econômica e política, estenderia sua cultura hegemônica a todas as regiões do mundo. A globalização é definida por Octávio Ianni como um processo nada tranqüilo, na medida em que impulsiona a homogeneização.[2] Mas seria a globalização capaz de fazer todo mundo pensar da mesma maneira?[3] Vários estudos afirmam que não. Porém, o megaconglomerado de mídia formado pela AOL Time-Warner, do qual a CNN faz parte, desafia esse conceito.

A CNN transmite ritualmente suas notícias para o mundo todo, além de ela própria reaproveitar suas matérias em vários formatos de programas. Essa ritualização passa pelo critério dos meios de comunicação de massa sobre o que deve ser revelado, destacado, sugerido, ocultado e até malversado. Em suma, os programas da CNN estariam no cruzamento da tensão entre encobrimento e revelação e do poder de escolher "a imagem que será dedicada aos motivos".[4]

Os dados e informações amealhados durante minha pesquisa inicial apontam que o jornalismo na sociedade contemporânea agrega papéis de diferentes segmentos da área da comunicação. Por intermédio do jornalismo transitam também a publicidade e as mensagens de comunicação pública e corporativa. O jornalismo busca atender à ansiedade de informação[5] que paira sobre essa nova era. "O povo busca orientação e informação, mas tem também uma forte necessidade de entretenimento e recreação. Para fazer frente a essas diversas necessidades, uma corporação global da mídia tem responsabilidades especiais. A comunicação é um elemento básico de qualquer sociedade."[6]

Examinando a bibliografia relacionada com os gêneros e formatos na comunicação, pode-se constatar que os meios impressos e eletrônicos utilizam características eminentemente jornalísticas, porém fortemente aliadas a *elementos de entretenimento* que buscam preencher a necessidade de informação dos vários públicos — de acordo com os locais de cobertura dos veículos informativos. Essa é a fórmula da CNN, emissora de TV *all news* (só de notícias).

Para Debray, o operador de um canal (privado ou público, com o segundo acabando por se alinhar ao primeiro) vende um público a publicitários e é a razão pela qual, diz ele, "o público é o nosso único juiz. Instantâneo".[7] É bom que esse público tome o assento na ala dos jurados para julgar de onde vem e para que serve a informação que está entrando na sua casa pela televisão. Senão, em breve, o juiz de Soledade, em Minas Gerais, ao proferir uma sentença, dirá primeiro: "Segundo a rede de TV norte-americana CNN... o réu é culpado!"

POR QUE "ELA" E NÃO OUTRA?

A primeira tarefa que se impõe para a leitura deste livro é ver o problema "CNN" com clareza. Antes de mais nada, é preciso explicitar as partes que o compõem. Essas partes são estabelecidas por quatro itens: 1) a globalização; 2) a hegemonia; 3) a geopolítica; 4) o surgimento do primeiro canal de televisão de alcance global com telejornalismo 24 horas. Sabe-se que a solução de um problema científico começa pelo fim, e, segundo Rubem Alves, "por onde se quer chegar". Procura-se, portanto, identificar nessas quatro partes "uma ordem invisível, na tentativa de transformar os fatos de enigma em conhecimento".[8]

O primeiro ponto é reconhecer que o desenvolvimento das tecnologias de satélite para uso na disseminação global do jornalismo na televisão não tem servido apenas para incrementar os mecanismos tecnológicos, mas também para disseminar as notícias que interessam a mercados, nações ou instituições de atuação global.

A noção de globalização tem sido uma das mais comuns e citadas considerações de nossos tempos. Freqüentemente, vários eventos internacionais, processos, produtos e idéias — de conflitos políticos e militares à organização de produção industrial, mercados de consumo e até mesmo cultura — são envolvidos num pacote global.

É impossível analisar um veículo de comunicação sem levar em conta seus interesses de mercado. Nesse panorama globalizado, as informações fazem parte das decisões de públicos distintos, de empresas a governos, por causa do poder de influência da opinião pública, que recebe instantaneamente tanto uma informação do seu bairro quanto de um conflito do outro lado do planeta.

Ao reunir esses fatos que marcam a televisão e o mundo globalizado, o objetivo desta pesquisa é analisar o pioneirismo de um canal de notícias 24 horas, com sede nos Estados Unidos, e seus reflexos no telejornalismo do mundo. O problema reside em identificar o papel da CNN na era da globalização e sua influência no surgimento de outros canais de notícias. Esse é o ponto de partida deste livro. Para abordar o assunto foi analisado, em primeiro lugar, o processo de internacionalização da comunicação; em segundo, as estruturas sociais e econômicas que apoiaram o lançamento de um canal norte-americano de alcance mundial; e, por fim, o padrão de telejornalismo "exportado" pela CNN e aceito por grandes corporações da mídia eletrônica.

A protagonista dessa história particular da comunicação eletrônica, como já mencionamos, é a emissora norte-americana CNN, o pioneiro canal de notícias por assinatura baseado em Atlanta que desde 1980 transmite programas informativos 24 horas por dia — a CNN, na verdade, inaugurou o segmento *canal de notícias* na televisão. Na pesquisa que desenvolvemos aqui vamos relacionar seu surgimento com o período de consolidação da hegemonia norte-americana, bem como com o processo econômico em curso no final do século XX denominado globalização.

Na esteira desse sucesso empresarial norte-americano da área jornalística, que implantou formatos e fórmulas aceitos em todo o mundo, identificamos canais de vários países, de iniciativa pública e privada, com semelhanças indeléveis tanto no corpo editorial quanto na apresentação visual de seus programas de notícias.

Este livro apresenta algumas hipóteses acerca da relevância dessa realidade para o campo da comunicação, desde que seja levada em consideração a falta de estudos dos veículos internacionais que estimulam o aparecimento de novos formatos na mídia brasileira. Nesse sentido, torna-se indispensável resgatar os conceitos que regem a informação apresentada pela televisão.

A pesquisa realizada buscou comprovar três hipóteses: a primeira é de que a CNN é difusora da hegemonia e da geopolítica norte-americanas, hipótese sustentada pelo conceito de hegemonia de Gramsci e pelas notícias transmitidas nos programas da rede.[9] A segunda é que a CNN é parte fundamental do processo de comunicação da globalização — hipótese que se sustenta nos desdobramentos históricos que remetem o conceito de globalização ao início dos grandes descobrimentos e à fase do mercantilismo. Pressupomos que a televisão faz parte de um crescimento qualitativo e de um novo estágio da globalização das notícias. A terceira e última hipótese, que traz reflexos inclusive para o telejornalismo do Brasil, é de que a CNN foi percussora do segmento de canal de notícias 24 horas, e que seu modelo promoveu o lançamento de outros canais do gênero. A estratégia de programação e o conceito de TV *all news* serão analisados para comprovar essa hipótese. Não se quer chamar a atenção para a fidelidade ou não dos programas de outros canais que copiaram a CNN, mas para o poder de influência de um único canal, que lançou padrões e conceitos utilizados no telejornalismo global.

A partir da fórmula de Lasswell — quem diz o que a quem —, nossa pesquisa mede, sobretudo, os assuntos abordados pela programação da rede CNN num acontecimento de interesse direto dos Estados Unidos: a Guerra do Iraque em 2003. São elaboradas tabelas de classificação dos assuntos abordados e analisados seus efeitos imediatos. Sobre as mensagens transmitidas, a pesquisa estabelece padrões de conteúdos expressos, bem como sua distribuição quantitativa.[10]

A grade de programação da CNN é o fenômeno analisado. Por se tratar de uma grade fixa que repete os assuntos várias vezes ao dia, o dia da semana pode ser aleatório. No entanto, *são analisados três dias específicos da programação, que representam o primeiro dia da guerra declarada pelos Estados Unidos contra o Iraque (20/3/2003); um dia que representa o meio do conflito, que durou 43 dias (10/4/2003); e o último dia da guerra (1º/5/2003).* Essa amostragem reflete a totalidade dos programas da rede CNN exibidos nessas 72 horas da sua grade de programação. Todos os programas foram gravados em videocassete e os *scripts*, disponibilizados pela própria emissora, em seu *site*, totalizaram cerca de 770 páginas de transcrições.

Com esse material em mãos, as técnicas utilizadas para atender aos passos da pesquisa foram: 1) para a conceituação de hegemonia e de geopolítica, do processo de globalização e de sua relação com a mídia por meio dos exemplos históricos, foram feitos levantamento bibliográficos e uma entrevista com o sociólogo brasileiro Octávio Ianni, autor da obra *Teorias da globalização* e do conceito de "príncipe eletrônico"; 2) para o registro histórico da implantação e do desenvolvimento da CNN, além da bibliografia consultada, visitamos a sede da rede em Atlanta, nos Estados Unidos; 3) para analisar a grade de programação da emissora por 24 horas, foram feitas gravações em videocassete de todos os programas da CNN durante três dias. De posse desse material, foram feitas transcrições dos *scripts* e a identificação dos enfoques dados às notícias transmitidas durante o período da guerra no Iraque. Sobre os demais canais de notícias 24 horas, há um breve histórico das emissoras, todas fundadas após a CNN. Para analisar o posicionamento da emissora durante um acontecimento ligado especificamente aos Estados Unidos, foram elaboradas tabelas com base na transcrição dos *scripts*, para uma análise dos assuntos abordados durante a divulgação de notícias sobre o conflito.

Algumas fases da história alicerçam as teorias da globalização.[11] Porém, na segunda metade do século XX, a mídia tem papel fundamental no desenvolvimento e na consolidação do modelo por conta da internacionalização da comunicação.[12] Nesse sentido, passam a surgir os meios dedicados aos fins.[13] Surgem os visionários que desenvolvem seus negócios pensando na "aldeia global" e que transpassam seus veículos de comunicação por todos os continentes, utilizando-se da tecnologia para alcançar de presidentes a cidadãos comuns. Não é de admirar que casos de pioneirismo e de sucesso apareçam nos países detentores da tecnologia que alavanca o modelo econômico globalizado.

As reflexões sobre a implantação da CNN, uma TV distribuída via satélite a assinantes de canais pagos, permite identificar uma fase que contribui para o estudo das teorias da globalização. *Implanta-se com a CNN um formato de cobertura de fatos e transmissão de notícias reproduzidas internacionalmente.* Em alguns casos, a cobertura de eventos transmitidos pela rede norte-americana vai ao ar ao vivo e na íntegra, por meio de todas as televisões com sinal de transmissão abertas do Brasil.

Procura-se, neste livro e nesta era de globalização, analisar o valor e o papel da CNN do ponto de vista da comunicação, por causa da sua importância local, regional, nacional e mundial de impacto instantâneo. Isso porque, "nesta elaboração teórica e em perspectiva comunicacional, a noção de globalização retém duas condições intrínsecas e associadas: uma dimensão espacial planetária, acrescida de uma temporalidade instantânea".[14] A CNN marca uma fase da globalização na comunicação eletrônica, pois desde sua criação implantou uma padronização da programação jornalística que tem tido receptividade mundial. O "negócio" deu certo e estimulou o lançamento de canais semelhantes em todo o mundo, inclusive no Brasil.

Apesar do alcance mundial da CNN, o local e o global, mesmo diminuindo sua distância no campo da cultura, são entrelaçados e interpretados de maneiras diferentes em situações, contextos, regiões e circunstâncias econômicas e sociais diversos. Em alguns locais, a CNN chegou como uma grande novidade, e há países que desenvolveram verdadeiras "montanhas tecnológicas", denominadas por Ramos de *tecnobergs*, um acrônimo que reúne as letras iniciais dos termos tecnologia e *iceberg*. "Os tecnobergs estão configurados na topografia socioeconômica e cultural de certos países e estão a serviço dos megaconglomerados de comunicação".[15]

A CNN não é o primeiro nem o único produto da TV norte-americana exportado para essa aldeia global. Na década de 1990, a produção de televisão e de filmes dos Estados Unidos ocupou 77% da programação da TV na América Latina, segundo dados da Unesco. Desde então, a média anual é de 150 mil horas de filmes, séries, desenhos, esportes e informação de origem norte-americana veiculadas pelas emissoras de televisão latinas. Nenhum desses produtos é ingênuo. Essas produções moldam padrões culturais, referências de mundo, consolidam opiniões, viram guia de beleza.[16]

Com o mercado interno saturado, as empresas norte-americanas intensificaram a exportação de produtos de mídia para escoar a programação. A exportação exige o fim da barreira de outros países. E, não por acaso, nunca se falou tanto no Brasil em abrir as empresas de comunicação para o capital estrangeiro. A pressão, efetivamente, veio de fora e convenceu o Congresso Nacional a aprovar uma lei que permite a participação acionária de empresas estrangeiras em emissoras de televisão brasileiras.

A concorrência globalizada ameaça a liberdade de escolha na TV e também na internet. De fusão em fusão, há cada vez menos mãos controlando tudo. Só nos Estados Unidos, matriz do mundo do entretenimento, cinqüenta empresas respondiam por 90% do que se faturava com informação e entretenimento em 1980. Dez anos depois, o número de empresas caiu pela metade. Em 2000, um estudo da empresa de consultoria McKinsey apontava a mídia como terceiro setor líder de fusões, atrás apenas dos ramos financeiro e farmacêutico. O estudo foi divulgado antes de a AOL, maior provedora mundial de acesso à Internet, comprar a gigante do entretenimento Time-Warner. Na América Latina, a Time-Warner já é dona, entre outros canais, da CNN.

"CEENENIZAÇÃO" DO TELEJORNALISMO

O processo de produção industrial é marcado por uma padronização de ações em várias unidades das empresas, independentemente do seu ramo de negócio. Entre todos os produtos e serviços prestados por empresas transnacionais, destaca-se a rede de *fast-food* McDonald's, presente em todo o planeta, produzindo e vendendo hambúrgueres para cidadãos de todas as culturas que engolem, além do tempero, o estilo norte-americano de alimentação e consumo.

O estilo de trabalho norte-americano não influenciou somente a indústria alimentícia. Para atender esse mercado em constante evolução, a televisão brasileira tem procurado acompanhar o exemplo das grandes redes internacionais, que montaram o que se pode chamar de "indústria de produção de programas para TV". Silva conclui que: "[...] o desenvolvimento da indústria de televisão no país, a partir de 1950, esteve intimamente relacionado com a própria industrialização brasileira, realizada sob a ótica da substituição de importações".[17]

No Brasil, uma rede de televisão saiu na frente com ações para o aperfeiçoamento do processo de produção, com o apoio técnico e financeiro de um grupo norte-americano. Na década de 1960, o grupo Time-Life trouxe para a Rede Globo um padrão industrial de produção de TV que já foi comparado com outros segmentos industriais e de mercado, como o McDonald's. No final dos anos 1990, as Organizações Globo acertaram acordos comerciais com dois dos mais agressivos empresários da comunicação do mundo e de TV a cabo nos Estados Unidos, o australiano naturalizado norte-americano Rupert Murdoch, da

News Corporation, e o norte-americano John Malone, da TCI. Essa é a prova de que a indústria da televisão segue o rumo dos demais setores produtivos. A comparação da Globo com a rede de *fast-food* norte-americana vem muito antes disso:

> A Globo (rede de televisão brasileira) é perfeitamente comparável aos maiores sucessos da cultura popular americana contemporânea, tais como a ubíqua rede de *fast-food* McDonald's. Globo e McDonald's são organizações comerciais bem-sucedidas em suas culturas de origem por terem estabelecido habilmente um padrão nacional, familiar e culturalmente apropriado, de confiabilidade e consistência – em vez de excelência – em seus produtos. Da mesma forma que o McDonald's é familiar a praticamente todo americano, a Globo é familiar a quase todos os brasileiros.[18]

A "mcdonaldização" da sociedade sintetiza a criação de novas áreas que venham a ser semelhantes ao McDonald's.[19] A introdução de qualquer processo de produção em larga escala, conforme os princípios industriais, requer a organização das várias etapas e, principalmente, pessoal competente e bem treinado. Essa questão envolve desde a qualidade dos recursos técnicos disponíveis até a formação da mão-de-obra.[20] Ramos classifica a globalização da televisão brasileira em duas fases: a primeira, com a implantação da Rede Globo no início dos anos 1960, recebendo apoio econômico do grupo norte-americano Time-Life[21]; e a segunda, com a chegada da TV por assinatura.[22]

Se existe a "mcdonaldização da sociedade", podemos verificar também uma "ceenenização" do jornalismo. Ao transportarmos o estilo industrial para a televisão, em especial para o telejornalismo, já se nota uma "ceenenização" do gênero. Todo ou quase todo o telejornalismo brasileiro se "ceenenizou", ou seja, as emissoras de tevê adotam a CNN como padrão estético para seus programas informativos. Cópias fiéis de formatos dos programas lançados pelo canal norte-americano são vistas em vários canais do Brasil e do mundo. É claro que existem referências no decorrer da história da TV que também influenciaram a criação de programas da CNN. Enfim, o recurso da cópia é histórico.

Com o avanço tecnológico, seguindo a visão de McLuhan sobre a era eletrônica, temos a televisão como o meio de comunicação de maior poder de influência, por conta de o seu alcance ter se tornado mundial, simultâneo e imediato. Além disso, a televisão é um elemento importante da vida cotidiana,

> [...] é um fluxo que tem uma presença determinante; ver televisão contribui com a maneira como os indivíduos estruturam e organizam seu dia, com respeito às suas atividades cotidianas e ao tempo, à hora de dormir ou de trabalhar. Atualmente representa uma tecnologia insubstituível, podendo faltar algum objeto caseiro (eletrodoméstico), mas a televisão é indispensável.[23]

O papel da televisão no universo lúdico das pessoas é definido por Melo da seguinte forma:

> [...] a televisão ocupa um papel excepcional, pela possibilidade que tem de cercar e capturar a consciência do público por todos os lados,[24] aproximando-se daquela meta que Adorno define como "a totalidade do mundo sensível em uma imagem que alcança todos os órgãos, o sonho sem sonho".[25]

Não é só no Brasil que a televisão assumiu essa importância. O país que mais produz e comercializa programas no mundo também aceita esse domínio no campo do entretenimento: "Televisão é de longe a fonte mais popular de entretenimento dos Estados Unidos".[26]

As maiores redes de televisão do mundo, e também as mais tradicionais, como a inglesa BBC, a RAI italiana, a mexicana Televisa, as norte-americanas NBC, CBS e ABC, ou mesmo a TV a cabo CNN, industrializaram sua produção de programas e criaram esquemas de trabalho que permitem a otimização dos recursos humanos e técnicos. Isso diminui os custos nas várias etapas de produção, o que é a base da lucratividade na comercialização de espaços publicitários e também da colocação de produtos televisivos no mercado internacional.[27]

TELEVISÃO GLOBAL

A televisão de alcance mundial, viabilizada pela tecnologia de satélites, assume um papel significativo na construção da opinião pública internacional. O processo de globalização do jornalismo eletrônico está crescendo e promovendo um grande impacto em vários sistemas. Não se trata de uma revolução propriamente dita, mas os caminhos para compreender o processo de globalização da televisão são semelhantes a outras revoluções da história.[28]

As redes de televisão internacionais são interligadas por meio de um complexo sistema de satélites de distribuição e troca de materiais jornalísticos. De todas, a CNN é provavelmente o maior e o mais significativo ator nessa cena do jornalismo global. Ironicamente, a extrema "objetividade" pode ter conseqüências opostas, já que os materiais gerados para outras redes são altamente vulneráveis à manipulação de diferentes propostas editoriais. Para servir a uma clientela "global" é necessário para a CNN fornecer formatos de aceitação mundial com possibilidade de reedição de acordo com a conveniência local, porém, sem perder a característica e o enfoque inicial da imagem.

A disponibilidade aparente da CNN em mais de 200 países ao redor do mundo sustenta a tese do imperialismo da mídia, principalmente porque o reflexo dessa influência ocorre também nos jornais, revistas e rádios. Por isso as conseqüências de tal influência são inestimáveis, pois há a disseminação do ponto de vista dos Estados Unidos sobre assuntos de interesse mundial. Porém, não se pode negar que a CNN oferece uma alternativa às pequenas comunidades que não dispõem de veículos de comunicação de massa; assim, a presença de uma câmera do canal de notícias norte-americano cria uma audiência global para qualquer evento.

Essa indústria de televisão global leva em conta que Brasil, Argentina e Uruguai foram as exceções entre muitos países em desenvolvimento que chegaram ao final do século XX oferecendo sinais de televisão a 90% da população do seu território. Por isso a América Latina é vista como um mercado promissor para a produção de TV e o oferecimento de serviços pagos.

Esse aparato tecnológico preparado e em funcionamento para gerar sinais de televisão vai servir de base para alimentar os novos meios comunicacionais que despontam, num processo em que a rapidez de informações é a peça principal.

> [...] a infovia está iniciando um novo ciclo na história da humanidade. O progresso tecnológico representado pela abertura desse canal de informação, constatável pelo alto padrão das ofertas nos terminais interligados às redes, tem se mostrado revolucionário e inovadoramente dinâmico, principalmente quando se vislumbra o incrível potencial de comunicação dos canais já disponíveis à sociedade.[29]

O "VELHO" E O "NOVO" NO TELEJORNALISMO

O horizonte de possibilidades aberto com a experiência da CNN tanto no solo da técnica jornalística quanto no da crítica da sociedade, características do pensamento neoliberal e pós-moderno, leva a uma circulação dos signos e dos jogos de linguagem por todas as emissoras que utilizam as imagens da rede norte-americana em seus telejornais.

O telespectador que hoje assiste nos telejornais brasileiros a desenhos animados e charges de cunho político, a exemplo do que já ocorre no noticiário da CNN há anos, acha isso uma grande inovação. Esta pesquisa também aborda a chegada de fórmulas "inéditas" ao telejornalismo brasileiro, muitas copiadas dos programas da CNN. Apresentar a origem e os mecanismos que compõem os formatos dos noticiários vai ajudar a entender o processo de importação de "novas" fórmulas que aparecem no telejornalismo mundial. Gontijo Teodoro, o primeiro apresentador de telejornal no Brasil, escreveu em seu livro: "[...] aos poucos o Repórter Esso sentiu a necessidade de ser TV e não rádio. Modificou-se, ganhou formato próprio e seguiu a sua trajetória pioneira, refletindo a estrutura do telejornalismo norte-americano, adaptado ao nosso gosto".[30] Gontijo reconheceu antecipadamente o que viria a fazer parte do desenvolvimento do telejornalismo no Brasil.

A experiência do empresário norte-americano Ted Turner e o sucesso de seu empreendimento, a CNN, ganharam o mundo com seu estilo e sua estética, e estão centrados na razão do mercado. Para Jameson, as razões para o "sucesso" da ideologia de mercado não podem ser procuradas no próprio mercado, mas em sua estrutura "totalizante", na capacidade de oferecer um modelo de totalidade social. O que é surpreendente, diz Jameson, é *como* "a aridez dos negócios e da propriedade privada, as cinzas da iniciativa privada [...] e outras transações do gênero puderam se transformar em algo tão *sexy*".[31] A CNN fascina o mundo todo com suas histórias contadas por jornalistas espalhados por todos os continentes.

A CNN é um exemplo de televisão mundial, implantada no tempo e ao estilo de tantos outros empreendimentos da era da globalização. O sociólogo brasileiro Octávio Ianni define globalização como um termo da área econômica dos anos 1990, que significa também ruptura: "Rompendo-se sistemas de referência, cartografias, geopolíticas, alianças sedimentadas, convivências lucrativas, tensões institucionalizadas, quadros de pensamentos instrumentais. A globalização não é um fato acabado, mas um processo em marcha". Entre muitos exemplos, ele cita o termo "aldeia global", cunhado por McLuhan, como uma comunidade mundial alicerçada pela técnica, destacando a tecnologia eletrônica. "É como estar no quintal dos outros", traduzindo a globalização também como um processo que leva a uma sensibilidade cada vez maior às diferenças, a ponto de se ter descartado o senso de distância espacial, como se vivêssemos num único mundo sem diferenças.[32] Essa é a principal novidade levada pela CNN aos povos de todas as nações.

ALDEIA GLOBAL, GUERRA E A CNN:
O TRIÂNGULO AMOROSO INVISÍVEL

Chegamos ao ponto inevitável de comprovar se as hipóteses de McLuhan para a sociedade da informação no novo milênio já se confirmaram ou se ainda restam alguns anos de espera. Em primeiro plano estão as novas telecomunicações e sua influência no comportamento. A natureza interativa de algumas tecnologias de vídeo já produz o desenho da dominação social no novo século, como previa McLuhan.

Ao relacionar a rede CNN com o processo de globalização, a primeira abordagem diz respeito à área de concentração do público-alvo. O conceito de *público* tem uma abrangência que vai de uma pequena empresa a grandes corporações, de uma vila a um país, de uma cidade ao mundo. As mensagens jornalísticas transmitidas pelos telejornais da rede norte-americana, apesar de serem ampliadas ou reduzidas como em qualquer outra emissora do mundo, determinam não apenas o que o telespectador deve saber, mas sobretudo do que o *mundo* deve tomar conhecimento.[33]

Essa tese também direciona o olhar para os eventos que abalam o mundo, ocasionados pela composição geopolítica e interesses econômicos. Esses eventos de proporções políticas mundiais são necessariamente cobertos pela mídia, que acaba contribuindo para a formação da opinião popular e internacional de acordo com suas opções editoriais. Em todos os casos em que o estado de guerra é eminente, a mídia não disse: "Vai haver uma guerra e não vamos mostrá-la. Pelo contrário. Ela disse: "Vocês vão ver a guerra diretamente". Suas imagens fizeram todo mundo acreditar que estava vendo a guerra, "a ponto de ninguém compreender que não a via, que aquelas imagens mascaravam silêncios; que aquelas imagens eram na maioria das vezes falsas, reconstruções, enganações".[34] E é nesse assunto que a pesquisa deste livro se baseia. Um dos principais acontecimentos mundiais cobertos pela CNN é a guerra que ocorre, ironicamente, com certa regularidade, tendo como protagonistas os Estados Unidos e os países do Oriente Médio.

E pela audiência na TV, guerra é guerra. "As centenas de repórteres que vão aos *fronts* tornam-se funcionários não remunerados do Departamento de Estado dos Estados Unidos."[35] E os símbolos transnacionais promovidos por esse modelo de mídia, denominado por Ortiz de cultura internacional popular, têm na CNN uma forte aliada para uma popularização imediata de qualquer idéia em nível mundial.[36]

Por isso este livro não menospreza o fato de que a maior rede de televisão de notícias do mundo iniciou algumas guerras antes mesmo de os primeiros bombardeios chegarem ao seu destino. A CNN assumiu a missão de transmitir em detalhe todos os conflitos do planeta. Com base nesse propósito, o início da Guerra do Golfo foi transmitido ao vivo, em 16 de janeiro de 1991. A CNN manteve uma equipe completa com 150 profissionais em Bagdá, até o governo do Iraque expulsar parte dela. Foi uma cobertura sem precedentes. Os índices de audiência não foram bombásticos, mas serviram para consolidar o papel assumido pela rede nos anos seguintes. Em vários conflitos no mundo a CNN se firmou como "emissora oficial das guerras", transmitindo recados mútuos dos líderes dos países envolvidos no confronto.

Essa posição, atualmente incontestável, da CNN de transmitir "a imagem oficial dos conflitos mundiais" sugere uma pesquisa inesgotável. Assim, este livro busca elucidar parte desse complexo tema que hoje dita as regras do telejornalismo mundial, influenciando a criação de corporações similares que reproduzem a hegemonia norte-americana.

A CNN é vista como um dos mais importantes e influentes

fenômenos da moderna mídia eletrônica norte-americana. Não é à toa que muitas emissoras do mundo se preocupam com isso.[37] McLuhan, em um encontro com Ted Turner sobre TV a cabo nos Estados Unidos, afirmou que o empresário estava criando a aldeia global e que aquilo era extremamente empolgante.[38]

⤸

Notas

1. José Luiz Aidar Prado, "Comunicação no mundo global", p. 37.
2. Octávio Ianni, *Teorias da globalização*.
3. Maurício Moraes, "Globalização: indicações para uma análise da nova ordem mundial".
4. Harry Pross, *La violencia de los símbolos sociales*, p. 135.
5. Richard Saul Wurman, *Ansiedade de informação*.
6. Mark Wossner, "Success and responsibility", pp. 4-7.
7. Régis Debray, *Vida e morte da imagem*.
8. Rubem Alves, *Filosofia da ciência*.
9. Jesús Martín-Barbero, *Os exercícios do ver: hegemonia audiovisual e ficção televisiva*, p. 68.
10. Cremilda de Araújo Medina, *Notícia: um produto à venda — Jornalismo na sociedade urbana e industrial*, p. 29.
11. Octávio Ianni, *op. cit.*
12. Denis Moraes, *Globalização, mídia e cultura contemporânea: a dialética das mídias globais*.
13. Lorenzo Vilches, "Globalização comunicativa e efeitos culturais".
14. Antonio Albino Canelas Rubim, "Política midiatizada: entre o global e o local", p. 126.
15. Sobre o significado de *tecnobergs*, consulte René Armand Dreifuss, *A época das perplexidades: mundialização, globalização, planetarização — Novos desafios*.
16. Nestor García Canclini, *Cultura y comunicación: entre lo global y lo local*.
17. Luis E. Potsch de Carvalho Silva, *Estratégia empresarial e estrutura organizacional nas emissoras de TV brasileiras: 1950-1982*, p. 395.
18. Conrad Phillip Kottak, *Prime-time society: an anthropological analysis of television and culture*, p. 42.
19. George Ritzer, *The Mcdonaldization of society: an investigation into the changing character of contemporary life*, p. 151.
20. Robert L. Hilliard, *Television station: operations and management*, pp. XI-XII.
21. Daniel Herz, *A história secreta da Rede Globo*.
22. Murilo César Ramos, "TV por assinatura: a segunda onda de globalização da

televisão brasileira".

23. Ana B. Uribe Alvarado, "La telenovela en la vida cotidiana en México: las familias y la televisión — Una unión inseparable", pp. 110-11.

24. José Marques de Melo, *Para uma leitura crítica da comunicação*.

25. Theodor Adorno, *Televisión y cultura de masas*.

26. Brian Rose, *TV genres*, p. 3.

27. Mauro Wilton Sousa, "Telenovela brasileira na Europa: uma internacionalização em processo".

28. Michael Gurevitch, "The globalization of electronic journalism", pp. 180-92.

29. Sebastião Squirra, *Os meios de comunicação eletrônicos nos EUA e Brasil*, p. 55.

30. Gontijo Teodoro, "Você entende de notícia?", p. 205.

31. Frederic Jameson, *Pós-modernismo*.

32. Octávio Ianni, *A sociedade global*.

33. *Ibidem*.

34. Ignácio Ramonet, *A tirania da comunicação*.

35. Frase atribuída a Malcolm Browne, repórter de *The New York Times*.

36. Renato Ortiz, *Mundialização e cultura*.

37. Sebastião Squirra, *O século dourado: a comunicação eletrônica nos EUA*.

38. *Ibidem*, p. 108.

Capítulo 1
A globalização da informação: do pombo-correio ao míssil Patriot

GLOBALIZAÇÃO, HEGEMONIA E GEOPOLÍTICA

A definição e as raízes da globalização que dão suporte para este livro têm seus conceitos traçados pela sociologia.

> A Sociologia pode ser vista como uma ciência por meio da qual se articula e desenvolve a interpretação científica da realidade social, tomada como um todo ou em seus distintos segmentos, compreendendo as suas diferentes configurações e os seus diversos movimentos. Envolve indivíduos e coletividades, classes sociais e grupos sociais, tensões e acomodações, rupturas e transformações. Lida, principalmente, com as relações, os processos e as estruturas sociais, compreendendo inclusive as suas implicações políticas, econômicas e culturais, tanto quanto as demográficas, geográficas e históricas. E formula, desde o início e reiteradamente, o conceito primordial e germinal de "sociedade".[1]

Não existe consenso entre os autores sobre as dimensões da globalização. Ela pode ser estudada sob vários aspectos: socioeconômico, cultural e político, entre outros. Para Ianni, globalização é um termo da área econômica da década de 1990 que também significa ruptura: "Não é um fato acabado, mas um processo em marcha".[2]

A dificuldade para definir globalização cresce à medida que se multiplicam as interpretações dadas por vários teóricos. Anthony

Giddens define globalização como a intensificação das relações sociais mundiais que ligam lugares distantes, de tal modo que acontecimentos locais podem ser influenciados por eventos que estão ocorrendo a centenas de quilômetros de distância.[3] Para R. Robertson, globalização se refere à compreensão do mundo e à intensificação da consciência do mundo como um todo. Para Mattos, o fluxo de informação e os veículos de comunicação de massa assumem um papel de extrema importância no desenvolvimento da globalização, pois são esses veículos que trazem o mundo para dentro da nossa casa.[4] Santos afirma que "o espaço se globaliza, mas não é mundial como um todo, senão como metáfora [...]Quem se globaliza, mesmo, são as pessoas e os lugares".[5] O processo de globalização apóia-se, em grande parte, na economia e no conhecimento, e ambos podem ser definidos como virtuais, da mesma forma que a informação.[6]

Ao longo da história, do século XVI ao XXI, multiplicam-se as empresas, corporações e conglomerados, compreendendo monopólios, trustes, cartéis, multinacionais e transnacionais.

> São empreendimentos que estão sempre ultrapassando fronteiras geográficas e históricas, atravessando mares e oceanos, instalando-se em continentes, ilhas e arquipélagos. Assim, se é verdade que o mercantilismo, o colonialismo e o imperialismo tinham raízes no nacionalismo e ajudaram a difundir o modelo de Estado-nação pelo mundo afora, é também verdade que quebraram fronteiras de tribos, clãs, povos, nacionalidades, culturas e civilizações.[7]

Para Ramonet, editor do jornal francês *Le Monde Diplomatic*, o sistema mundial hoje repousaria sobre dois pilares: o mercado e a ideologia da comunicação, que substituiu a ideologia do progresso.[8] "Os meios de comunicação, informação, transporte e distribuição, assim como os de produção e consumo, agilizam-se universalmente."[9] No âmbito da aldeia global, a mídia eletrônica prevalece como um poderoso instrumento de comunicação, informação, compreensão e imaginação do que vai pelo mundo. Ao lado da imprensa, a mídia eletrônica passa a desempenhar "o singular papel de intelectual orgânico dos centros mundiais de poder, dos grupos dirigentes das classes dominantes".[10]

Uma entrevista realizada com o sociólogo Octávio Ianni registra sua visão sobre a mídia e o processo em curso. Extraímos alguns trechos que consideramos representativos da sua interpretação para o fenômeno:

Pergunta: A mídia exerce um poder muito forte sobre a sociedade. Na sua opinião, quais são os mecanismos de defesa que nós, que fazemos parte da sociedade, podemos ter?

Octávio Ianni: A mídia sempre foi e continuará a ser um setor fundamental da vida das nações. Mas vamos ser objetivos, a mídia nunca é inocente, a mídia está organizada em termos de empresas, corporações e conglomerados, e faz tempo que a mídia é, principalmente, empresas, corporações e conglomerados transnacionais. Então, o noticiário, na maioria dos países, é um noticiário selecionado por umas poucas organizações dedicadas à informação jornalística. Então, o povo brasileiro, assim como o povo de outras nações, se informa precariamente sobre o que acontece no Oriente Médio. Faça um exercício: quem, dos leitores, ouvintes e espectadores da televisão, do rádio e dos jornais, tem uma idéia clara do que acontece no Oriente Médio? Pouquíssimos. Porque a mídia não se dedica a contribuir para a classificação das audiências, dos leitores, dos ouvintes. Porque a mídia está orquestrada com interesses que estão em causa no Oriente Médio. Então, o grande problema é como democratizar a mídia. Primeiro, pluralizar as organizações que funcionam na área da mídia, abrir espaços para que floresçam diferentes propostas. Aliás, você sabe que no Brasil não há imprensa alternativa, é muito sintomático, ela não sobrevive, você tem duas ou três, poucas publicações. Tem, no caso, que eu conheço, *Caros Amigos*, *Fórum*; têm várias publicações que são alternativas mas com dificuldades, porque o monopólio que as grandes organizações realizam, asfixia, não permite, e note que esse monopólio nunca é inocente, ele também se dá através das empresas de publicidade. Se o diretor de um grande jornal disser para uma grande empresa de publicidade: "Não quero anúncio na revista X", a empresa de publicidade não dá anúncio para aquela revista, evidente. Então, democratizar significa, inclusive, quebrar esses esquemas. Agora, eu entendo democratizar também no sentido de que a mídia deve ter a coragem de registrar o que realmente está acontecendo no país, na América Latina e no mundo. Quem de nós sabe o que realmente está acontecendo na África? Essa é a realidade. Por que não sabemos? Porque não queremos saber? Não, porque a mídia está monopolizada para enfatizar certos temas e esquecer outros. Você que trabalha na mídia sabe disso: que *esquecer é a mais cínica e sofisticada técnica de censura.*[11]

A FUSÃO E OS CONGLOMERADOS

A economia global, segundo o economista, empresário e ex-assessor do governo japonês Kenechi Ohmae, estaria alicerçada em quatro "is": os investimentos (sistema financeiro), as indústrias (cada vez mais transnacionalizadas), as informações (tecnologias em rede: informática, telecomunicações etc.) e os indivíduos (consumidores).[12]

Em princípio, a informação é agora imediatamente disponível para os públicos consumidores por todo o globo, podendo ser estocada e recuperada, desde que haja a eletricidade necessária. O tempo e o espaço não se acham mais restritos à troca de informações. A aldeia global de McLuhan é tecnicamente realizável.[13] Isso foi facilitado após o período da Guerra Fria, uma vez que a fusão de empresas de comunicação vem promovendo a concorrência globalizada entre empresas gigantescas. Tais fusões têm como objetivo reduzir investimentos e riscos, concentrar capital e ganhar mais capacidade de criar produtos e serviços numa velocidade proibitiva para quem não é gigante no ramo.

Para o telespectador comum, é um drama, pois a concentração diminui a possibilidade de escolha e limita a autonomia. Para imaginar a escala que isso pode alcançar, a mídia deu exemplos claros de manipulação neste início de século, como o da fusão da AOL Time-Warner, que também controla a Turner Broadcasting System, dona da CNN, formando assim o maior grupo de mídia e entretenimento do mundo.

Esses grandes grupos passam a ter controle de outras áreas da economia mundial. O grupo Televisa, do México, por exemplo, censurou em seus noticiários a queda da Bolsa de Valores de Nova York e do México. A maior empresa mundial de TV em língua espanhola havia posto à venda 9,1% de seu capital social para zerar suas dívidas com bancos. O sucesso da operação estaria comprometido se as ações da Televisa caíssem demais. Outro exemplo é o da rede norte-americana CBS, que foi pega em flagrante manipulando digitalmente imagens de jogos, a fim de incluir publicidade e apagar cenas que a incomodavam.[14]

O perigo desses comportamentos está em concentrar a mídia, cada vez mais, em um só grupo. Em outras palavras, a exportação de meios de comunicação atua como um requisito para outras exportações materiais e de negócios.

A mídia impressa e eletrônica, da qual se destaca a televisiva, exerce uma influência acentuada nas relações, nos processos e nas estruturas de integração social, espalhando-se pelas diferentes esferas da vida social. "É inegável que a mídia também influencia a integração, isto é, a articulação sistêmica de povos e idéias, em escala local, regional, nacional e mundial."[15] Nesse espaço residem os interesses geopolíticos das nações hegemônicas.

Nesse "mapa global" está evidentemente traçada a hegemonia de povos e nações que desenvolveram e dominam técnicas do mundo moderno. Hegemônica é toda imagem da realidade, toda visão do mundo que *expressa os interesses* dos que detêm os meios de mando ou dominação e apropriação, mas *simultaneamente contempla*, leva em conta os interesses de setores sociais subordinados ou subalternos. A visão hegemônica

> taquigrafa e codifica a organização e a dinâmica da realidade, as condições e as possibilidades de uns e outros, de tal modo que o mundo

> parece conformar-se com a imagem ou visão dele próprio, que se expres-
> sa no projeto de gestão de problemas, na diligência do todo e das partes,
> na orientação e reorientação do curso dos acontecimentos, reivindicações
> e movimentos.[16]

Outro fator que reconhecidamente sustenta a hegemonia é a língua internacional. A língua falada pela aldeia global tem sido principalmente o inglês. A maior parte das comunicações, envolvendo todo tipo de intercâmbio, desde as mercadorias até as idéias, das moedas às religiões, realiza-se nessa língua.[17] O idioma também é um forte componente cultural.

Desde o início do século XX, os Estados Unidos possuem a aura da potência hegemônica cultural incontestável, quando um bairro de Los Angeles chamado Hollywood transformou a indústria do cinema em fábrica de estrelas conhecidas mundialmente.[18] Por isso, o conceito de hegemonia que se vai utilizar como pano de fundo deste livro é o de Gramsci, conforme a interpretação de Raymond Williams, que o aplicou à sociologia da cultura. Williams entende o processo hegemônico de uma forma complexa, que supera os tradicionais conceitos de "manipulação" ou de "doutrinação". O conceito de hegemonia passa por vários momentos da história e mantém com a mídia uma relação de intercessão com a sociedade.[19]

Existe um conflito de necessidades entre as nações em desenvolvimento e as formas por meio das quais se distribuem as informações das nações desenvolvidas. Esse conflito envolve as empresas e os conglomerados de mídia mais interessados em disseminar internacionalmente o entretenimento, bem como a informação. Essa é uma forma sutil e das mais utilizadas para a manutenção da hegemonia por meio da mídia. Mais que em qualquer outra época, os meios de comunicação de massa transformam-se em meios tecnológicos de construção e de conservação de hegemonias. Para Ramonet, a grande mídia ocupa um lugar central e decisivo entre as forças que compõem o bloco hegemônico na sociedade capitalista mundial, constituído pelo Estado e por megacorporações financeiras e industriais. "Os complexos transnacionais de comunicação interagem com o modelo tecnoburocrático hegemônico. Por isso, a sociedade contemporânea vive sob um regime globalitário"[20], e "a informação tornou-se fonte alimentadora das engrenagens indispensáveis à hegemonia do capital".[21]

O jornalismo dos Estados Unidos trata de reforçar essa hegemonia da mídia daquele país. Lins e Silva afirma que:

> [...] há entre todos os envolvidos no processo de produção jornalística no Brasil (donos dos meios de comunicação, editores, repórteres, redatores, fontes de informação, leitores, estudiosos) uma aceitação, em maior ou menor medida, de que uma das funções primordiais da imprensa é exercer vigilância sobre a ação do Estado. Esse conceito é originalmente americano: o *watchdog role*. O ponto a ser ressaltado aqui é de que o conceito hegemônico se submete a interpretações diversas da original quando é absorvido em outras condições sociais, mas nem por isso deixa de ser hegemônico. *Isso é o que se entende por hegemonia. O jornalismo brasileiro aceita o modelo americano de jornalismo como hegemônico.* Mas isso não significa ser ele submisso, dependente ou mero reprodutor de valores e conceitos alheios. Ele goza de relativa autonomia, reinterpreta o que absorve, incorpora suas próprias idéias, junta aspectos de outras escolas (a francesa, a britânica e a ibérica em particular) para formar um jornalismo com características peculiares, mas ainda assim dentro da hegemonia ideológica do jornalismo americano.[22]

O processo hegemônico é fruto de várias ações conjugadas com a geopolítica. "A geopolítica nasceu através dos estudos do jurista sueco Rudolf Kjellén. Ele usou esse termo numa publicação em 1905 intitulada 'As grandes potências'. Kjellén define a geopolítica como 'a ciência que estuda o Estado como organismo geográfico".[23] "É uma forma de fortalecimento do Estado e de adquirir hegemonia."[24] Por sua vez, "tal como a questão ambiental, estudada sob diversos prismas e na maior parte das vezes de forma interdisciplinar, a problemática geopolítica não mais se identifica com uma única disciplina (seja ciência ou arte; seja a geografia, a ciência política ou a estratégia militar) e sim como um campo de estudos".[25]

Nesse campo de estudos entram as estratégias de comunicação para a manutenção da hegemonia e da geopolítica que serão apresentadas a seguir.

O IMPULSO ELETRÔNICO PARA A MÍDIA INTERNACIONAL

O final do século XIX foi o período de aceleração da comunicação internacional promovida pelas redes telegráficas e também da melhoria nos sistemas de transporte e na organização dos correios. Com isso, as grandes agências de imprensa que já haviam se estabelecido desde meados de 1830 começaram a utilizar assiduamente as redes de comunicação a distância. A era eletrônica permitiu o início da abertura das fronteiras do mundo da comunicação, mais precisamente na Conferência Internacional Telegráfica realizada em Roma, em 1872, que teve como objetivo regularizar as novas redes mundiais.[26] Isso foi mais de vinte anos após os primeiros serviços de informação da agência Reuters entrarem em funcionamento, distribuindo informações da Inglaterra para alguns países da Europa e algumas colônias africanas. Participaram 22 países, todos já aderidos à União Telegráfica Internacional, fundada em 1865. Esse encontro representava a primeira instituição internacional da era moderna, a primeira instância internacional de regularização de uma rede técnica de comunicação.[27] A telegrafia elétrica é uma inovação essencialmente internacional e foi o princípio para os sistemas de comunicação eletrônica mundial.[28]

No início do século XX, a proeminência da Reuters entre as agências de notícias européias se deu principalmente por causa de sua relativa independência do governo. Porém, sua credibilidade caiu por terra quando seu diretor foi nomeado diretor de propaganda durante a Primeira Guerra Mundial, levando os observadores a concluir que a Reuters, da mesma forma que as demais agências de notícias na Europa, era tão-somente um instrumento do Estado. A norte-americana Associated Press, cooperativa formada por seis periódicos de Nova York, seguiu trajetória semelhante de apoio ao governo dos Estados Unidos na difusão de informação além-mar.[29] Depois de várias experiências de agências noticiosas no bloco oriental, surge a agência Tass, logo após a declaração da formação da União Soviética, em 1925.[30]

O papel das agências permanece até hoje, em grande medida, atrelado às suas origens. Essa é a visão de vários pesquisadores, como Herbert Schiller nos Estados Unidos, Jeremy Tunstall na Inglaterra e Kaarle Nordenstreng na Finlândia, que apresentam argumentos semelhantes: os meios noticiosos internacionais estão dominados por quatro agências ocidentais, que são de natureza imperialista. A imagem do mundo que oferecem é desequilibrada por conta da sua estrutura, história e intenção profissional, apesar de estarem comprometidas, na teoria, com doutrinas de imparcialidade e exatidão. O surgimento das agências de notícias, bem como o seu papel no fluxo de informações, é enfocado por Matta como fator principal para o controle das notícias por governos e pelo poder econômico.[31]

A comunicação eletrônica internacionalizou vários aspectos da sociedade. A direção dos assuntos econômicos mundiais, bem como questões políticas e culturais, estão agora nas mãos de bancos multinacionais, corporações industriais e conglomerados de mídia.

A administração deste empreendimento vasto e complexo recebe a coordenação e o apoio de governos de vários países dominantes, especialmente aqueles que fazem parte do núcleo do Mercado Comum Europeu, além do Japão e dos Estados Unidos. Esses países entram, freqüentemente, em acordo uns com os outros. Cada vez mais competem entre si e seus conflitos se agravam. A tarefa de manter a ordem, isto é, assegurar o *status quo* mundial que os Estados Unidos se auto-atribuíram, persiste, pelo menos até o momento, apesar de todos os abalos provocados pelo terrorismo. Essa tarefa é possível, principalmente, graças ao sistema de comunicação abrangente que apóia, divulga, mantém e estabelece os padrões de comportamento da sociedade americana no mundo.[32]

NOVA ORDEM E ANTIGOS PROBLEMAS

Em 1974, o diretor da Agência de Informação dos Estados Unidos, Leonard Marks, já assinalava os perigos inerentes às novas tecnologias para ajudar o país a evitar os perigos políticos a que o alto fluxo e as inúmeras fontes de informação o expunham.[33] O mesmo problema já havia aparecido no programa da política internacional no começo dos anos 1970, por iniciativa do presidente Kekkonen, da Finlândia. Kekkonen abordou o tema num discurso que chegou a ser reconhecido como o texto fundador do movimento da Nova Ordem Informativa Internacional. Ele citou que a Declaração dos Direitos Humanos, firmada depois da Segunda Guerra Mundial, "era uma reafirmação das idéias de *laissez-faire*, uma valorização das liberdades individuais", e expressava as idéias de Adam Smith e de John Stuart Mill. Naquele momento, a preocupação para os países desenvolvidos era a de que "a liberdade do forte conduz ao êxito, e a liberdade do fraco ao fracasso, apesar de ser chamada de liberdade".[34]

O que se vê nesse início de século XXI é que a liberdade de criação de novos meios de comunicação e informação em países em desenvolvimento (os fracos) são apenas tentativas de enfrentamento dos grandes conglomerados de mídia (os fortes). O outro lado da moeda é que os fortes ficam em exposição permanente, divulgando inclusive seus conflitos e diferenças, repudiados pelos fracos. Em nível local, grupos e indivíduos conservadores estão aumentando seus ataques verbais e físicos em relação àqueles que não se conformam com os padrões dominantes políticos, raciais e sexuais.[35] A permanente guerra no Golfo Pérsico é um exemplo desses conflitos entre fortes e fracos.

Os planos da Nova Ordem entraram em certos detalhes sobre a distribuição eqüitativa do espectro eletromagnético e a regulamentação de uso dos satélites, algo que é considerado um novo direito internacional de se comunicar. Esperava-se baixar as tarifas de telecomunicações especialmente para as nações em desenvolvimento. O plano também previa o desenvolvimento técnico para evitar que os satélites enviassem seus sinais para além das fronteiras nacionais, e também para barrar outras formas de violação da herança cultural de outros países, difundindo certas informações e diversões indevidas entre a população. Se isso tivesse ocorrido, a CNN nunca teria saído do papel.

Não é difícil ver por que os conglomerados de informação de massa do mundo desenvolvido se apressaram em condenar tais planos, ao mesmo tempo que ofereceram várias formas de ajuda internacional, como a preparação gratuita de jornalistas do terceiro mundo. Esse treinamento profissional de jornalistas ocorreu em um círculo relativamente pequeno de nações poderosas, que desfrutam de um fluxo de informações permanentes e precisas acerca dos assuntos do mundo, como resultado da liberdade com que os editores desempenham sua profissão. Ao retornarem aos seus países de origem, os jornalistas iniciam um círculo vicioso de fontes de informação, dessa vez promovida pelos próprios profissionais das editorias internacionais.[36]

Vários países e organismos internacionais promovem treinamento para jornalistas do terceiro mundo. Porém, essa classificação de terceiro mundo, pelo menos no campo da comunicação, tem altos e baixos. Os 26 países que compõem o terceiro mundo são: México, Venezuela, Colômbia, Peru, Chile, Argentina e Brasil, na América Latina; Egito, Argélia, Marrocos, Nigéria e África do Sul, no continente africano; Israel, Turquia, Irã, Iraque, Índia, Coréia do Sul, Taiwan, Hong Kong, Filipinas, Cingapura, Malásia, Tailândia, Austrália e Nova Zelândia, na Ásia e na Oceania.[37]

É curioso notar que os fracos se tornam fortes em algumas áreas da comunicação. Hoje, já existem vários países em desenvolvimento que são considerados exportadores de material de entretenimento. Entre eles destacam-se México, Índia e Hong Kong. O Brasil também se sobressai com a produção de novelas vendidas para o mundo todo. Porém, o mesmo não ocorre no campo da informação. Foram feitas várias tentativas de reunir material noticioso dos países em desenvolvimento em agências não alinhadas, regionais ou internacionais, e assim organizar uma nova agência noticiosa multinacional, mas poucas conseguiram sobreviver por um período mais longo e desafiar o atual predomínio das agências de notícia tradicionais e gigantes.

PUBLICIDADE: INVESTIMENTO E RETORNO GARANTIDOS

Os gigantes da mídia tiveram na publicidade um importante parceiro histórico para formar a versão ocidental de uma imprensa livre. Foi a publicidade que capacitou as empresas com a tecnologia necessária para a produção de notícias com a doutrina da imparcialidade e da objetividade. Na maior parte da imprensa norte-americana e européia, os periódicos operam sob a bandeira de uma suposta neutralidade. Porém, a propaganda não conseguiu o mesmo resultado no terceiro mundo, tampouco desempenhou papel similar na evolução dos meios informativos independentes. O predomínio das agências de propaganda multinacionais, formando a indústria da publicidade, não promoveu os patrocínios desatrelados de seus países de origem. A maioria das agências pertencentes aos Estados Unidos, à Alemanha Ocidental, à França, à Inglaterra, à Austrália e ao Canadá fincou suas bandeiras nos países da Europa, Ásia e América do Sul. Exemplos clássicos são a rádio e televisão canadenses, que dependem por completo dos anúncios colocados por agências norte-americanas.

Os principais países do Ocidente têm desenvolvido mecanismos condicionadores que convertem sociedades variadas em públicos homogêneos e em mercados para ser explorados pela informação e pelos anúncios. Desde meados do século XIX, as nações industrializadas têm derrubado as barreiras ao analfabetismo, que, durante certo tempo, manteve a maioria da população imune à influência da imprensa escrita. Quanto à mídia eletrônica, os esforços também se dão para transformar grandes territórios, com vários dialetos, em uma língua única, facilitando assim a compreensão das mensagens publicitárias.

O *marketing* agressivo do mundo industrial e comercial, bem como os meios de comunicação (desde os tradicionais até as redes virtuais) desempenham papéis estratégicos de consolidação da hegemonia. Em um canal de notícias 24 horas como a CNN, generaliza-se em escala muito superior aquilo que teria uma escala muito menor — ou melhor, o que é problema para os Estados Unidos vira uma questão universal.[38]

Nesse processo de manutenção da hegemonia por meios pacíficos, por intermédio da cultura e da comunicação, os Estados Unidos e a Europa têm atualmente visões de mundo e da política e ambições que divergem de maneira radical; portanto, é ficção continuar sustentando que existe entre eles uma comunhão de valores e interesses semelhantes àquela que os uniu quando enfrentaram Hitler e o nazismo. Ao renunciar parcialmente à sua tradição imperial e hegemônica, a Europa conseqüentemente foi reduzindo seus orçamentos de defesa, que atualmente beiram os US$ 180 bilhões, enquanto os dos Estados Unidos se aproximam dos US$ 400 bilhões. Depois do 11 de setembro, os recursos de defesa norte-americanos passaram a aumentar, e não é impossível que cheguem, num futuro próximo, aos US$ 500 bilhões.[39] Esses valores incluem, obviamente, gastos com informação e difusão dos interesses nacionais que são veiculados pela mídia por meio das agências de notícias e de imagens.

Evidentemente, esses investimentos na mídia refletem-se na dependência econômica e são retribuídos atualmente com um nacionalismo nada secreto. O problema maior desse patriotismo exagerado e declarado da imprensa norte-americana, em especial no período pós-11 de setembro, é o seu reflexo amplo, geral e irrestrito na mídia do mundo todo.

No Brasil, as reportagens sobre as vantagens bélicas dos Estados Unidos, os espantosos avanços tecnológicos das armas "inteligentes", os pilotos e seus aviões extraordinários, como os B-52, Predator e RC-135, bem como helicópteros UH-60, mísseis Tomahawk, bombas CBU 87, entre outras poderosas armas, foram minuciosamente descritos em reportagens e documentários, da mesma forma que foram analisados por comentaristas e vistos por dentro por meio de microcâmeras e computação gráfica. Tudo ajudou a mostrar ao mundo que a vitória dos Estados Unidos na guerra contra o Iraque, em 2003, era, além de certa, segura, e que o número de mortos seria mínimo diante de tanta precisão tecnológica. A mídia, em maior ou menor grau, de maneira mais ou menos evidente, convenceu o mundo disso.

As agências de notícias foram amplamente utilizadas para divulgar informações de interesse estratégico dos Estados Unidos durante a guerra no Afeganistão, e também para impedir a divulgação de perdas norte-americanas. Enquanto a rede de TV Al-Jazeera, do Catar, divulgava no dia 22 de outubro de 2001 imagens de um helicóptero norte-americano derrubado pelos Talibãs, os Estados Unidos bombardeavam os destroços do aparelho para evitar a divulgação. Por sua vez, as agências de notícias bombardeavam as redações de jornais e televisões do mundo todo com reportagens e matérias contendo declarações do tipo "não há fontes independentes capazes de confirmar essas possíveis perdas norte-americanas no Afeganistão". Esse foi um artifício utilizado pelas agências internacionais e pela imprensa norte-americana, e reproduzido na imprensa brasileira em todos os momentos do conflito. Qualquer informação de ataque bem-sucedido do Talibã ou denúncia de mortes de civis era seguida da frase "não há fontes independentes para confirmar". A mesma frase nunca era utilizada quando as informações de operações bem-sucedidas vinham do lado norte-americano, por mais absurdas ou duvidosas que fossem.[40]

OS PRINCÍPIOS DA COMUNICAÇÃO INTERNACIONAL

Em 14 de dezembro de 1946, a Assembléia Geral da ONU adotava a Resolução 59, que declarava: "a liberdade de informação é um direito fundamental e a pedra de toque de todas as liberdades em cuja defesa as Nações Unidas estão interessadas". Essa liberdade "implica o direito de reunir, de transmitir e de publicar notícias em todas as partes, quaisquer que sejam, sem obstáculo algum".[41]

Em nível internacional, encontram-se os ideais de livre comunicação, mas sua aplicação, de fato, é deturpada em favor dos ricos, com prejuízo dos pobres. Globalmente, a quantidade de informação entre Estados — sobretudo o material usado pela televisão — é, em grande parte, de sentido único e desequilibrado, e não possui, de maneira nenhuma, a profundidade ou a amplitude que os princípios da liberdade de expressão exigem.[42] O que se evidencia com essa liberdade de expressão e no fluxo de informações internacionais é que quem a defende está do lado mais forte.

Os "mais fortes" desenvolveram a tecnologia da informação, pois ela está ligada ao acúmulo internacional do capital.

> A crise energética e a mobilização da tecnologia para conter o desperdício de energia provocaram certas modificações nas relações entre as sociedades produtoras de petróleo nos Estados Unidos e o próprio governo americano. Washington depende estreitamente destas regiões petroleiras nacionais para o abastecimento, e seus interesses estratégicos confundem-se, mais do que nunca, com suas ambições econômicas.[43]

Por esse motivo, é difícil desvincular o fato de o presidente George W. Bush, natural do Texas, região petroleira, defender interesses de sua sociedade natal no conflito envolvendo o Golfo Pérsico.

O PAPEL DAS AGÊNCIAS DE NOTÍCIAS E TVs INTERNACIONAIS: A DISTRIBUIÇÃO DE IMAGENS E INFORMAÇÕES PARA A TV

Dois homens são classicamente reconhecidos como os fundadores das agências internacionais de notícias. Um é Charles Havas, e o outro, Julius Reuter. Havas fundou, em 1825, um serviço de notícias para assinantes, e logo se deu conta de que a expansão da imprensa escrita, de tiragem relativamente alta e baixo custo, ampliava o mercado disposto a adquirir suas notícias. Em 1835, Havas criou a agência que durante um século levou seu nome. Reuter era um alemão empreendedor e hábil, que trabalhava com informação financeira e utilizava, inclusive, pombos-correio. Em 1851 instalou-se em Londres, usando seus pombos para espalhar suas mensagens por toda a Europa. Logo ele entendeu que a relação entre o vendedor de notícias e o governo podia ser muito estreita. Não demorou muito para que ele se convertesse em uma fonte indispensável de notícias da Europa continental, bem como dos principais jornais da Inglaterra, e para que incrementasse seus negócios ao assinar um contrato com o *Times*.[44]

> O governo inglês não levou muito tempo para perceber as possibilidades do alcance das notícias veiculadas pela agência Reuters e fazer de seu proprietário um súdito britânico, um servidor de confiança, sem pasta. É desnecessário acrescentar que o serviço de notícias da Reuters cuidou para dizer, nos momentos cruciais, o que o governo britânico desejava que fosse dito.[45]

A Reuters tem outra versão. Em sua *homepage*, ela divulga que sofreu pressão do governo britânico e lutou por sua independência, reestruturando a agência como uma empresa privada.

> Durante as duas Guerras Mundiais, a Reuters sofreu pressão do governo britânico para servir aos interesses da Grã-Bretanha. Em 1941, a empresa contornou essa pressão privatizando-se. Os novos proprietários – a imprensa nacional e regional britânica – formaram o Reuters Trust, com participantes independentes. O *trust* preserva a independência e a neutralidade da Reuters. Seus princípios foram mantidos e o poder de fazê-los vigorar se fortaleceu quando ela se tornou uma empresa pública, em 1984. (Veja *Reuters independence and trust principles*)[46]

O aparecimento da agência de Bernard Wolff, na Alemanha, em 1849, fechou o triângulo que desde as origens sempre esteve associado ao fenômeno publicitário. Assim, informação e publicidade cresceram juntas e dividiram o mundo em agências de informação e de publicidade. Nos Estados Unidos, a criação da Associated Press (AP) por um grupo de editores de jornais contou com a aprovação do cartel europeu, que permitiu a entrada de mais uma concorrente nesse seleto grupo. Até então, o mundo estava dividido em três: Reuters ficava com as informações do Império Britânico, Estados Unidos, vários países ao longo do Mediterrâneo, o Canal de Suez e a maior parte da Ásia; Havas, que desde antes da guerra fora subvencionado pela Secretaria de Relações Exteriores da França, abocanhava o Império Francês, Europa Ocidental do Sul e certas partes da África; Wolff abraçava o restante da Europa, incluindo Áustria-Hungria, Escandinávia e os Estados eslavos. Com a criação da AP, o cartel permitiu que ela abarcasse as notícias dos Estados Unidos, com a intenção de não gastar nem mais um centavo com a coleta de informações.[47]

A AP teve de se contentar com a sentença do cartel europeu até aventurar-se, no início do século XX, por Canadá e México, e, depois da Primeira Guerra Mundial, pela América Central e do Sul. Assim é que, desde 1858 até a Primeira Guerra Mundial, os serviços informativos, exceto nos Estados Unidos, nunca estiveram completamente isentos de propaganda governamental. Se esse exemplo nos Estados Unidos pode ser chamado de "imprensa livre", outros fatos no decorrer da história colocam esse atributo em xeque.

> Não se deve dar muito crédito ao correspondente de uma agência que está proclamando constantemente a integridade das agências norte-americanas e sua liberdade com respeito a qualquer interesse especial. É, afinal, duvidoso que a AP esteja mais a salvo do controle que as agências pertencentes a particulares. Tende e converter-se, pelo seu anonimato cooperativo, em servidor institucionalizado da imprensa nacional.[48]

AGÊNCIAS DE NOTÍCIAS: RELAÇÃO ÍNTIMA COM OS GOVERNOS

As principais associações de imprensa norte-americanas dependem muito do governo para obter informação, favores e proteção no estrangeiro. Por isso, evitam qualquer falta de harmonia em suas relações com o Estado. As principais agências que fornecem informações para o terceiro mundo, como United Press International (UPI), Associated Press (AP), Reuters e Agence France Presse (AFP) não são, em nenhum sentido, "internacionais", mas "empresas transnacionais que operam cada uma a partir de sua matriz, situada em um país capitalista industrializado". Todos os membros do corpo de direção da UPI e da AP, por exemplo, são cidadãos norte-americanos, da mesma forma que a maioria dos chefes de escritório. Pelo menos na América Latina, AFP e Reuters têm estruturas de controle vinculadas a seus governos.

> Sua forma de organização é muito similar à de outras empresas comerciais com interesses mundiais por cuidar e defender. Suas operações estão entrelaçadas com outros ramos do sistema transnacional de produção,

em particular com a publicidade, as revistas, a produção de programas para a televisão e com as empresas transnacionais clássicas.[49]

"LIVRE FLUXO" OU "LIVRE CONTROLE DE FLUXO"?

Para assegurar sua expansão e seu crescimento com plena liberdade de ação através do mundo, as agências norte-americanas em particular, com total apoio de seu governo, expuseram, em fins da década de 1940, a aplicação internacional do princípio do "livre fluxo de informação", e obtiveram sua aprovação na Conferência sobre Liberdade de Informação, realizada de 25 de março a 21 de abril de 1948 em Genebra, Suíça, com o apoio da Unesco.

O princípio do "livre fluxo" significa, na prática, que as agências determinam o que deve ser considerado notícia.

> Reconheceram-lhe o direito de 'selecionar', entre os múltiplos acontecimentos nacionais e internacionais, aquilo que deve ser transmitido, para que seja conhecido pelo mundo todo. As agências transformaram-se, assim, em juízes da realidade e não são, na atualidade, social ou juridicamente responsáveis por seus atos diante dos países em que operam ou diante da comunidade internacional.[50]

As agências de televisão com notícias internacionais cresceram como as redes de agências globais — UP e Reuters — e funcionam na mesma linha, somente trocando as palavras pelas imagens, e são a parte central da globalização do jornalismo eletrônico. As três maiores agências internacionais, a WTN (Worldwide Television News, formada pela UPITN, de propriedade da United Press International, e pela Independent Television News, baseada em Londres), a Visnews (formada pela Reuters, BBC e NBC), e a CBS Newsfilm fornecem as notícias regionais em sistema de troca com emissoras locais de todo o mundo. Esse sistema é essencial para o funcionamento do intercâmbio de notícias em qualquer parte do planeta. A organização européia de intercâmbio, Eurovision, que tem infra-estrutura própria de cobertura, está restrita aos países-membros da Europa. A iniciativa de criação da Eurovision teve como objetivo cobrir os acontecimentos com um olhar europeu, e diminuir o impacto das notícias cobertas por outras agências estrangeiras não-européias. Essa cobertura também inclui os países do terceiro mundo e outras áreas fora da Europa, inclusive de assuntos como variedades e esportes.[51]

Uma dessas fusões recentes, da Reuters com a tradicional Visnews, define o mapa da atuação global:

REUTERS ASSUME CONTROLE DA VISNEWS COM A NBC

06/01/1992; Satnews

Reuters e NBC assinaram um contrato com validade de dez anos para explorar novas oportunidades em *televisão global*. Pelos termos da nova sociedade, a Reuters assumirá pleno controle da Visnews, agência internacional de notícias televisivas. A participação de 37,75% da NBC na Visnews foi transferida para a Reuters. Em linhas gerais, o acordo permitiu à Reuters adquirir 11,25% das ações da Visnews que pertenciam à BBC. A Visnews, por sua vez, perdeu a exclusividade da distribuição da programação da NBC.[52]

Esse contexto de fusões e aquisições facilita a compreensão da noção de globalização, amplamente difundida em seus aspectos sociais e econômicos, e imediatamente visualizada e difundida por meio da televisão. De maneira geral, em seus vários gêneros de programas, a TV promove e divulga a globalização. Porém, a divulgação específica é feita por intermédio do telejornalismo. Os telespectadores assistem ao processo todos os dias em casa, com as notícias explicadas e comentadas pelos jornalistas. Obviamente, globalização se torna assunto trivial.

Muitas das discussões acerca da globalização da mídia, oferecidas na literatura acadêmica e também na própria mídia, são normalmente repetitivas. É comum ver tais discussões acompanhadas da aura das novas tecnologias da comunicação.

Os grandes eventos de mídia dos nossos tempos, como os Jogos Olímpicos ou a explosão do ônibus espacial Columbia, dramatizam as maravilhas das novas tecnologias. Menos atenção é dada às questões que abordam os antecedentes e conseqüências sociais, culturais, econômicas e políticas dessa revolução da comunicação. Esquece-se que algumas culturas, em especial dos países em desenvolvimento, mas também de algumas sociedades do primeiro mundo, são vulneráveis aos produtos de Hollywood e da televisão norte-americana, que têm como alicerce para o crescimento as novas tecnologias.

Uma pressão paralela é exercida no campo da informação, no qual um grande número de agências internacionais são as donas de praticamente 90% das informações que circulam no mundo. Na década de 1980, Reuters, France Press, United Press International e Associated Press, que pertencem a três países, eram as responsáveis pelas editorias internacionais de todo o planeta, que publicavam o que se passava no mundo.[53] Desde a publicação do Relatório MacBride,[54] a crença plenamente compartilhada e claramente definida pelo Ocidente democrático é a de que uma imprensa livre é de origem privada, mantida pelo preceito econômico que define as nações capitalistas. Prova disso são as verdadeiras indústrias da informação que constituem um setor importante em muitos países. Por isso, buscar, encontrar, publicar e distribuir informação é hoje um elemento-chave em todas as economias.

> Um número limitado de empresas de comunicação controla os fluxos transcontinentais de notícias. Essas companhias estão basicamente sediadas nos Estados Unidos, no Canadá, Reino Unido, na França, Alemanha, Itália e no Japão, países em que vive menos de 10% da população mundial. Apenas três das maiores agências de notícias são verdadeiramente globais: Reuters, AP e AFP. Nas últimas décadas, agências de notícias televisivas surgiram, inclusive a Visnews (com acionistas como a Reuters e a BBC), WTN (alinhando-se com a NBC e a ABC), CBS

e CNN. A oligopolização é ainda mais acentuada pela integração vertical e horizontal, e por fusões e conglomerados.[55]

O resultado desse "livre fluxo" é que o olhar dessas agências noticiosas sempre foi o mesmo. Quando um repórter europeu ou norte-americano vai à Ásia ou à África, ele "descobre" escassez, pobreza, instabilidade, corrupção, crise e descreve os fatos à luz das imagens de sua própria sociedade. O jornalista dessas grandes agências noticiosas vem de cidades onde a população resolve todos os seus problemas num raio de trinta quilômetros, e depara com locais em que a população caminha a mesma distância apenas para conseguir água.[56] E relata isso ao mundo como se fosse uma novidade.

Atualmente, o U.S. Newswire Foreign Media Pack, rede norte-americana de *releases* com notícias estrangeiras, forma um "pacote" com informações fornecidas por vários países e distribui essas notícias para veículos de comunicação de todo o mundo. Isso inclui a troca de material informativo entre todos os participantes. A Newswire presta serviços de distribuição de notícias por meio de *releases* dos interessados para toda a mídia mundial. E cobra por isso. O cliente indica seu público de interesse e a Newswire encaminha a notícia para o jornal, rádio ou televisão que atinge o alvo do cliente. Dessa rede participam algumas das maiores empresas de mídia do globo.

EMPRESAS PARTICIPANTES DO U.S. NEWSWIRE FOREIGN MEDIA PACK[57]
(veículos associados ao serviço de distribuição internacional de notícias)

Agence France Press	Bangkok Post
Agencia EFE	British Broadcasting Corp.
ANP-Dutch News	Canadian Broadcasting Corp.
ANSA	Canadian Press Wire Service
Argus South African Newspapers	Central News Agency
Asahi Shimbun	China Times
Australian Associated Press	Der Spiegel

EFE Spanish News Agency
El Pais
El Universal
Financial Times
Frankfuter Allgemeine Zeitung
Fuji Television
German Press Agency
German Television Agency
Globe and Mail
Hokkaido Shumbun
Ihlas News Agency
Il Tempo
Independent Newspapers
Independent Television Network
Inter Press Service
Iraqi News Agency
Irish Times
Israeli Television
JiJi Press
Kyodo News Service
La Nación
La Stampa
Le Figaro
Le Monde
London Daily Telegraph

Mainichi Shimbun
Netherlands Press Association
News Limited of Australia
Nikkei Nihon Keizai Shimbun
Nippon Television Network Corp.
NOS Dutch Television
Notimex
O Estado de S. Paulo
Polish Press Agency
Press Trust of India
Saudi Press Agency
Scandinavian News Agency
Sydney Morning Herald
Tass
TF-1 French Television
The Economist
The Guardian
The Independent
Tokyo Broadcasting System
Toronto Star
Visnews International
Xinhua News Agency
Yomiuri Shimbun
Yonhap News Agency

A "LIBERDADE" DE INFORMAÇÃO

Em 1972, a Unesco propôs aos Estados-membros da organização uma declaração sobre "os princípios que devem reger o uso da televisão via satélite e garantir o livre fluxo da informação, a expansão da educação e um intercâmbio cultural maior". Essa proposta causou certa desilusão entre as maiores companhias de televisão, tanto nos Estados Unidos como na Europa, que chegaram a afirmar ser inaceitável sua efetivação. O argumento era de que essa proposta poderia servir de base para uma regulamentação de conduta nas nações e das sociedades em matéria de transmissão espacial, o que poderia limitar o monopólio já conquistado e a penetração de informações em regiões estratégicas.[58]

Olhando pelo princípio de liberdade de informação para divulgação das notícias, o livre fluxo do jornalismo norte-americano trouxe, em determinada época, contribuições pontuais ao jornalismo e também ao governo de outros países nos quais a liberdade de imprensa é cerceada.

> As emendas (à Carta dos Direitos, *Bill of Rights*) da Constituição dos EUA foram estabelecidas para conter a "tirania do governo". A Primeira Emenda (*First Amendment*), promulgada em 1791, considerada uma das mais importantes (das 10 que foram instituídas), é a que traz o princípio de liberdade e proteção para os meios de comunicação. Ela diz que: "O Congresso não aprovará lei alguma quanto à criação de religião, ou à proibição do livre exercício da mesma. Nem restringirá a liberdade de expressão ou de imprensa; nem o direito do povo de reunir-se pacificamente ou de exigir do governo alguma reparação de danos". A Primeira Emenda foi promulgada em 1791, tem 45 palavras, das quais 14 garantem liberdade de expressão. Em 1934, a Seção 326 do Ato das Comunicações explicitamente estende as garantias da Primeira Emenda para esta área.[59]

Obviamente, esses conceitos caem por terra ao analisarmos a cobertura que o governo dos Estados Unidos permite que seja feita durante as guerras. Uma das poucas manifestações de liberdade audiovisual é a indústria cinematográfica, que foi e continua sendo oficialmente um meio de expressão, protegido pela Primeira Emenda Constitucional, que condena qualquer forma de censura que se relacione com a informação e a opinião. A limitação, nesse caso, é econômica; afinal, que estúdio de cinema norte-americano vai bancar um filme que denuncie os abusos de guerra cometidos pelos Estados Unidos?

O controle de informações na guerra dos Estados Unidos contra o Iraque, em 1991, chegou a um nível nunca antes alcançado. Câmeras sobre tanques de guerra e ao lado de *marines* nas trincheiras continuaram a fazer parte da estratégia de comunicação do Pentágono e a dar cobertura para os repórteres da CNN e suas aliadas, inclusive a TV Al-Jazeera, de origem árabe, antes vista como "os olhos do inimigo". A organização Repórteres Sem Fronteiras colocou os Estados Unidos numa estatística no mínimo desconfortável para a imprensa norte-americana: o país foi incluído na categoria das nações que prejudicam a liberdade de imprensa. "Desde o 11 de setembro se constata que a liberdade de imprensa está em perigo dentro dos Estados Unidos devido à censura oficial de imagens e opiniões, e à autocensura motivada pelo patriotismo. Os Estados Unidos consideram que estão numa guerra declarada e que os jornalistas devem se converter em patriotas."[60]

Dez anos após a Guerra do Golfo, no dia 11 de setembro de 2001, a imprensa conheceu uma censura e controle ainda maiores que em todas as guerras. Na seqüência do atentado ao World Trade Center, a imprensa passou a proclamar a guerra, veiculando acusações dos Estados Unidos contra os possíveis responsáveis, preparando o terreno para as decisões do presidente Bush. O clima de patriotismo tomou conta dos jornais e televisões norte-americanas, que publicaram editoriais e produziram reportagens de evidente apoio à guerra, sem ao menos saber quem era o inimigo, antes até de qualquer decisão do governo. "Quando pudermos determinar onde estão as bases de nossos adversários, devemos pulverizá-los, minimizando — mas sem deixar de aceitar — o risco de danos colaterais". Parece um discurso do presidente Bush, mas na verdade a citação é de um colunista do *The New York Times*.[61]

O "GLOCAL" MEDIANDO O GLOBAL E O LOCAL

Apesar de toda a influência explícita gerada pelas agências de notícias e pelos canais de distribuição de imagens e reportagens internacionais, existe o fenômeno da recepção, que não é visto como homogêneo. A "mundialização da economia também exige adaptações aos mercados locais em função de diferentes fatores econômicos, climáticos, jurídicos e culturais".[62] No campo da comunicação não é diferente.

Mesmo com todo o poder de penetração e divulgação dos assuntos da cultura hegemônica, a recepção não é homogênea: cada local compreende a mensagem de acordo com sua cultura. "O processo de globalização, apesar de seu inegável teor concentrador e até mesmo homogeneizante, não pode ser entendido em plenitude por um aprisionamento analítico a essas marcas possíveis e até prováveis, mas nem sempre obrigatórias."[63]

A esse fator não homogeneizante está associada a noção de "glocal", palavra que une dois conjuntos distintos da era da globalização. "Essa palavra nova, fruto de recíprocas contaminações entre global e local, foi forjada justamente na tentativa de captar a complexidade dos processos atuais. Nela foi incorporado o sentido irrequieto do sincretismo. O sincretismo é glocal."[64] Essa junção global–local é o principal ingrediente da massa que compõe a agenda da mídia internacional. Os canais de notícias utilizam tal ingrediente para obter o interesse da audiência mundial por TVs a cabo locais. Festas populares, figuras inusitadas e pitorescas, atos de governo e acidentes são assuntos de interesse local que passam por uma formatação global.[65] Cada vez mais o "glocal" ganha espaço, por conta da resistência apresentada pela cultura local que interessa ao mundo global.

$\backsim$

NOTAS

1. Octávio Ianni, *A sociologia e as questões sociais na perspectiva do século 21.*
2. Idem, *A sociedade global.*
3. Anthony Giddens, *The consequences of modernity.*
4. Sérgio Mattos (org.), *A televisão na era da globalização.*
5. Milton Santos, *Técnica, espaço e tempo: globalização e meio técnico-científico informacional*, p. 41.
6. Pierre Lévy, *Qu'est-ce que le virtuel?*
7. Octávio Ianni, *Teorias da globalização*, p. 174.

8. Ignácio Ramonet, *Geopolítica do caos*, p. 147.

9. Octávio Ianni, *Teorias da globalização, op. cit.*, p. 212.

10. *Ibidem*, pp. 120-21.

11. Entrevista com o sociólogo Octávio Ianni concedida para o programa *Página aberta*, produzido pela TV UMC em co-produção com a União Brasileira de Escritores (UBE), durante a Bienal Internacional do Livro de São Paulo, em maio de 2002, no Pavilhão de Exposições Imigrantes.

12. José William Vesentini, *Novas geopolíticas: as representações do século XXI*, p. 42.

13. Mark Poster, "The Mode of information: poststructuralism and social context", p. 2.

14. *O Estado de S. Paulo*, data, Caderno 2, página D2, n. 4.758.

15. Niklas Lulmann, "The world society as social system", pp. 131-38.

16. Octávio Ianni, *Teorias da globalização, op. cit.*, p. 133.

17. *Ibidem*, p. 139.

18. Murilo César Ramos, "TV por assinatura: a segunda onda de globalização da televisão brasileira", p. 160.

19. Antonio Gramsci, *Concepção dialética da história*.

20. Ignácio Ramonet, "Régimes globalitaires", p. 1.

21. Denis Moraes, *Globalização, mídia e cultura contemporânea: a dialética das mídias globais*, p. 14.

22. Carlos Eduardo Lins e Silva, *O adiantado da hora*, pp. 34-6.

23. Paul Claval, *Géopolitique et géoestratégie*, p. 3.

24. José William Vesentini, *Novas geopolíticas: as representações do século XXI, op. cit.*, p. 16.

25. *Ibidem*, p. 11.

26. *Le Grand dictionnaire universel du XIXe siècle*, p. 1556.

27. Armand Mattelart, *Comunicação-mundo*.

28. *Le Grand dictionnaire universel du XIXe siècle, op. cit.*, p. 1556.

29. George Scott, *Reporter anonymous: the story of the Press Association*.

30. Muitas informações sobre o histórico e a formação das agências de notícias internacionais podem ser obtidas por meio do relatório da Comissão Internacional para Estudos dos Problemas da Comunicação (Relatório MacBride), publicado internamente pela ONU em 1978 e divulgado em 1980.

31. Fernando Reyes Matta (org.), *A informação na nova ordem internacional*.

32. Armand Mattelart, *Comunicação-mundo, op. cit.*, p. 21.

33. Leonard Marks, *International conflict and the free flow of information in control of the direct broadcast satellite: values in conflict*, p. 66.

34. Anthony Smith, *La geopolítica de la información: cómo la cultura occidental domina al mundo*, p. 57.

35. Herbert Schiller, "As corporações multinacionais de mídia e a transição democrática na América Latina".

36. Anthony Smith, *op. cit.*

37. Ariovaldo Umbelino de Oliveira, "A expansão geográfica das multinacionais", p. 250.

38. Muniz Sodré, "O discurso da neobarbárie".

39. Mario Vargas Llosa, "A decadência do Ocidente". *O Estado de S. Paulo*, 13 abr. 2003, p. A32.

40. Carlos Dorneles, *Deus é inocente, a imprensa, não*.

41. Herbert Schiller, "A livre circulação da informação e a dominação mundial", p. 109.

42. Robert D. Leight, "Freedom of communication across national boundaries", p. 382.

43. Armand Mattelart, "Outra ofensiva das transnacionais: as novas tecnologias de comunicação", p. 134.

44. *Ibidem*, p. 58.

45. Robert Leigh e Llewelyn White, "Mercadores de palabra y imagenes".

46. www.reuters.com (mar. 2003).

47. Pierre Fréderix, *Un siècle de chasse aux nouvelles*. Essa obra traz os detalhes históricos da formação dos acordos monopolistas que uniram as grandes agências do século passado.

48. Fernando Reyes Matta, "A evolução histórica das agências transnacionais de notícias no sentido da dominação", p. 61.

49. Juan Somavía, "A estrutura transnacional de poder e a informação internacional", p. 37.

50. *Ibidem*, p. 38.

51. Michael Gurevitch, "The globalization of electronic journalism", p. 180.

52. www.satnews.com (mar. 2003).

53. Anthony Smith, *La geopolítica de la información: cómo la cultura occidental domina al mundo, op. cit.*, p. 12.

54. *Many voices, one world*, relatório final da Comissão Internacional para o Estudo dos Problemas da Comunicação (Relatório MacBride), 1980.

55. Ragnar Levi, "Global news".

56. Anthony Smith, *La geopolítica de la información: cómo la cultura occidental domina al mundo, op. cit.*

57. www.newswire.com (25 mar. 2005).

58. Armand Mattelart, "Outra ofensiva das transnacionais: as novas tecnologias de comunicação", *op. cit.*, p. 140.

59. Sebastião Squirra, *Os meios de comunicação eletrônicos nos EUA e Brasil*.

60. Repórteres sem Fronteiras, Relatório Anual de 2001, p. 26.

61. William Safire, "Editorial", *The New York Times*, 13 set. 2001.

62. Ariovaldo Umbelino de Oliveira, "A mundialização do capitalismo e a geopolítica mundial no fim do século XX", *op. cit.*, p. 247.

63. Antonio Albino Canelas Rubim, "Política midiatizada: entre o global e o local", p. 128.

64. Massimo Canevacci, *Sincretismos: uma exploração das hibridações culturais*.

65. Nestor Garcia Canclini, *Cultura y comunicación: entre lo global y lo local*.

Capítulo 2
A televisão no mundo da informação eletrônica

A ALDEIA GLOBAL: UMA VISÃO MIDIÁTICA DA GLOBALIZAÇÃO

A análise das idéias de Marshall McLuhan nesse início de século nos remete a comparações inevitáveis entre o real e o imaginário. McLuhan consagrou-se como visionário demarcando sua *aldeia global* com a chegada da era eletrônica.[1] É relativamente fácil aceitar suas idéias quase trinta anos após a concepção do livro e vinte após sua publicação, tendo como pano de fundo o panorama atual da tecnologia. Porém, existem aspectos psicológicos e sociológicos que deixam lacunas para ser preenchidas em longo prazo. Na sociedade eletrônica, esse longo prazo pode representar alguns anos ou meses. A intenção de McLuhan de convencer o leitor de que não estamos vivendo em um ambiente natural apresenta pontos de vista polêmicos, porém filosoficamente estruturados. Para ele, desde a chegada do alfabeto ao mundo ocidental, vivenciamos uma segmentação psíquica da mente em dois hemisférios: o esquerdo, que promove os aspectos lógicos e intelectuais em detrimento do direito, que se relaciona com a compreensão holística e intuitiva do ser humano. A era eletrônica tende a forçar uma mudança para o lado oposto, para o uso do hemisfério direito da mente. Mudança de mentalidade refere-se à mudança de comportamento social, individual e grupal, público e restritivamente privado, motivos suficientes para reler McLuhan e interpretar os desejos coletivos da sociedade eletrônica antes que ela nos envolva por completo. Isso não é um antídoto, mas talvez auxilie no tratamento das mensagens e da recepção, além da valorização do relacionamento, enfatizado por McLuhan.

A afirmação de Marshall McLuhan de que, se somos civilizados, devemos aceitar que vivemos num espaço euclidiano, isto é, fechado, controlado, linear, estático e abstraído do mundo à nossa volta, define o estado-da-arte apresentado em *The global village*. Euclides delineia o espaço do ser humano matematicamente, com conceitos de linearidade, enquadrando, traçando pontos e retas, influenciando o espaço visual. Essa influência tem reflexos na estética e na tecnologia, os dois pontos analisados pelo autor para a construção da *aldeia global*.

A separação do espaço acústico e do espaço visual é, para McLuhan, o ponto de partida para a divisão da mente humana em dois hemisférios, cada lado sendo estimulado por um desses espaços: o *acústico* é responsável por estimular o lado direito da mente, enquanto o *visual* exercita o lado esquerdo.

Desde muito antes da civilização, na era das cavernas, o homem recebe estímulos acústicos sem limites de espaço. O som não tem limite. Por isso, a mente recebe, por meio dos ouvidos, estímulos acústicos ilimitados. Essa cultura acústica estimula o lado direito da mente, promovendo uma ilimitada sensibilidade musical e espacial. A estrutura do espaço acústico é o espaço natural, da natureza pura, inabitado pelos letrados.

Já a cultura visual promove a sensibilidade controlada, linear, detalhada e analítica. Para os olhos, as imagens são limitadas, delimitadas. Os estímulos são alojados no hemisfério esquerdo da mente, responsável pelo desenvolvimento visual e do discurso.

Se aceitarmos essas afirmações de McLuhan, já temos vários pontos para estudar o principal veículo eletrônico de massa, a televisão, bem como para analisar em que medida a TV, em particular e notadamente a CNN, contribui para a efetivação da aldeia global visualizada pelo autor. A televisão já ocupa o primeiro lugar no *ranking* do entretenimento eletrônico. A supremacia nesse espaço visual define o perfil da sociedade ocidental, moldada pelo estímulo do lado esquerdo da mente. O homem ocidental, formado no espaço visual, tem traços bastante distantes do perfil do homem que habita o mundo num espaço acústico. Se valorizarmos esse aspecto enfatizado por McLuhan, diminuímos o problema de muitos que ainda permanecem iletrados, portanto, convivendo no espaço acústico.

Parece contraditório que a sociedade contemporânea esteja sendo estimulada pelo espaço visual e não receba da televisão o estímulo principal. A TV é um veículo com apelo visual complementado pelo áudio, mas não se encaixa na concepção de McLuhan como modelo de estímulo visual que tem moldado o pensamento ocidental. O visual do Ocidente, para ele, é alicerçado no alfabeto, na organicidade das letras, que estimula o raciocínio linear, sem fragmentos. A poesia concreta de Haroldo e Augusto de Campos e Décio Pignatari seria, então, uma heresia — ou o *caos* — dentro desse espaço visual formado pelo alfabeto. A poesia concreta brinca com o visual das letras e a materialização da palavra impressa.

O INTERVALO RESSONANTE

A distância entre os letrados e iletrados é identificada por McLuhan como um "intervalo ressonante", dividida em quatro fases distintas e relevantes da história, denominadas *tetrads*. O significado de *tetrad* é a partição em quatro períodos de vários aspectos e efeitos relevantes da história. Esses períodos ajudam a compreender as fases e os detalhes com base em quatro pontos de vista: histórico, passado, presente e futuro, bem como o caminho percorrido na mente, nos dois hemisférios — direito e esquerdo —, que resulta nas reações do homem ocidental.

A propaganda necessita do ambiente visual, letrado, para ser absorvida. Ela não acontece onde não há o exercício do hemisfério esquerdo da mente,[2] promovido no ambiente visual e obtido pelo conhecimento do alfabeto. Por isso, o Banco Mundial sabe bem o que faz quando financia projetos de alfabetização nos países onde os iletrados formam uma massa que se relaciona no ambiente acústico. A propaganda trabalha com o convencimento, aliada à retórica de Aristóteles, construída linear e objetivamente.

Mais um componente do eixo que gira a roda da sociedade eletrônica é a compreensão total dos termos *diacrônico* e *sincrônico*. Baseando-se na construção do alfabeto, McLuhan também descreve os modos diacrônico e sincrônico pelos quais o homem promove seu desenvolvimento intelectual e sua forma de absorver e transmitir conceitos. Antes de conhecer o alfabeto, os iletrados compõem sua realidade oralmente. Os sons e o alfabeto fonético estimulam uma percepção sincrônica, de época para época, e transmitem sua realidade, experiência coletiva ou idéia e objeto por um período de anos. Esse espaço acústico é o único elo entre o ser humano e o mundo. Apesar de o espaço acústico ser a base que estimula a percepção sincrônica, ele foi sendo substituído pelo espaço visual, trazido do Oriente para o Ocidente pelos fenícios, na forma de alfabeto. O mundo pré-letrado, de tradição oral e esquerda da mente, terminou no período helênico.

A sociedade ocidental trilhou o caminho do conhecimento por meio do alfabeto escrito, adotado pelos gregos, e delimitou sua interpretação da realidade de forma diacrônica. Isso significa que os experimentos, idéias ou objetos estão organizados seqüencialmente, dia após dia. Esse modo de interpretação diacrônico é visual, pois as imagens formadas pelas letras são organizadas para ser vistas lado a lado, uma após a outra. Essa maneira de transmissão do conhecimento estimula a compreensão das coisas do mundo de maneira organizada, planejada, visualmente complementada e sem cortes. Ao olhar o mundo, tudo está visualmente composto, não há vazios, e isso promove a interpretação lógica e racional do ambiente.

O ambiente visual, iniciado pelo alfabeto, vem estimulando há séculos a percepção diacrônica, mas não é sempre assim. Em muitas partes do planeta convivem, de um lado, os iletrados no seu ambiente acústico, estimulando o hemisfério direito da mente, o tátil, o musical e o espacial, e, de outro, os intelectuais no ambiente visual, introjetando a lógica matemática e o racional no seu hemisfério esquerdo. Em resumo: a estrutura do espaço visual é um artefato da civilização do Ocidente criado pela literatura fonética grega e que recebeu maior impulso após o invento de Gutemberg. A imprensa multiplicou o estímulo visual da palavra impressa.

Toda educação ocidental está baseada no ambiente visual, letrado, que estimula o hemisfério esquerdo. Por isso a palavra escrita, com o discurso seqüencial, dominante e quantitativo é valorizada na sociedade da informação. Cinema e TV ocupam lugares de destaque porque se colocaram no ambiente visual, disfarçados pelo discurso verbal. O cinema agora é arte, e a TV é o entretenimento dominante. Na comunicação eletrônica, o emissor é enviado, menos o corpo dele, e todo o velho relacionamento entre locutor e audiência, próprio do ambiente sonoro, tende a desaparecer.

O estímulo ao hemisfério esquerdo da mente pode provocar problemas para o homem moderno, já constatados e identificados por vários autores. O primeiro problema é a falta de estímulo ao hemisfério direito, o acústico. A medicina mostra que a falta de uso de um membro do corpo atrofia os músculos que o compõem; por isso as reações relacionadas com o hemisfério direito — a criatividade, a intuição, a espiritualidade, a simultaneidade — já dão sinais de atrofiamento no homem ocidental da era eletrônica.

O filósofo Cícero interpretou as manifestações previsíveis do homem como senso comum, associando-o aos cinco sentidos. Ver, ouvir, degustar, cheirar e tocar são reações do ser humano, estimuladas por partes diferentes da mente. Ao receber estímulos homogêneos, alimenta-se o senso comum e promove-se o ambiente ideal de padronização dos sentidos e dos gostos. Na sociedade de consumo, isso beneficia o aparecimento dos conglomerados voltados para atender às massas.

Uma investigação sobre as mudanças das características de vida e a padronização da sociedade contemporânea é apresentada por Ritzer. O processo já abordado anteriormente e identificado por *"mcdonaldização da sociedade"*[3] realça o senso comum que rege a indústria do consumo. Todo mundo aprecia o sabor e o cheiro, aprova a textura, conhece o símbolo e aceita a padronização do sanduíche do McDonald's, porque a mente foi estimulada a aceitar o sistema imposto pelos restaurantes *fast-food*. Mas Ritzer vai além, enfocando a irracionalidade racional do segmento de alimentação padronizada, um ícone norte-americano já transportado para outras áreas da economia.

DISPUTA DE ESPAÇOS

A guerra de interesses faz os indivíduos, coletivamente, procurarem ganhar importância no inconsciente coletivo na mente, promovendo seus setores com ataques a um ou outro sentido. Desde que Marconi e Edison reativaram o poder da palavra falada, por meio do telefone e da corrente elétrica, os meios emergentes e as empresas ITT, GTE e AT&T intensificaram o ataque à palavra impressa. É uma reação tímida mas concreta dos grupos que operam no espaço acústico contra o domínio da palavra impressa na sociedade ocidental.

Nessa disputa de espaço, na visão de McLuhan, o Oriente encontra o Ocidente nos hemisférios da mente. Os cidadãos dos países do primeiro mundo, para o autor, são estimulados pelo ambiente visual, enquanto os do terceiro mundo são estimulados pelo acústico. A dificuldade dos Estados Unidos de dominar completamente o terceiro mundo e alguns dos países árabes é aumentada pela falta de leitura desses povos. Porém, as novas tecnologias estão alinhando o primeiro e o terceiro mundo, em função da necessidade de complementar ansiedades pessoais. A explicação também é encontrada em fatores psíquicos e psicológicos: o hemisfério direito da mente controla o lado esquerdo do corpo e vice-versa. Existem convicções internas do ser humano sendo abaladas e postas em contradição. As reações ao ambiente acústico precisam dialogar com o visual. A TV nos força a retornar para o hemisfério direito, que não tem afinidade com a informação eletrônica.

CONFLITOS DA ERA ELETRÔNICA

Para McLuhan, o confronto se dá justamente na era eletrônica. É a maior ameaça à dominação do hemisfério esquerdo da mente dos últimos 2500 anos. Parmênides é o primeiro filósofo visual (quantitativo) e sucede os pré-socráticos, que eram do hemisfério direito, acústico (qualitativo). Por isso, desde os pré-socráticos, o espaço visual e o acústico estão em conflito, que teve seu ápice na sociedade eletrônica. O conflito se dá justamente porque as reações forjadas pelo ambiente visual do alfabeto escrito deram condições para as descobertas científicas, tecnológicas e racionais do Ocidente, estimulando o hemisfério esquerdo da mente. Contudo, o poder do alfabeto fonético, que traduziu outras línguas, foi a matriz para o fluxo de informações e a divisão do poder para invadir as culturas do hemisfério direito.

A nossa cultura taxa os efeitos do uso do hemisfério direito de alucinação, como num ambiente eletrônico. Existem ruídos na comunicação entre os dois ambientes, e o desafio da sociedade eletrônica é descobrir como trabalhar o hemisfério esquerdo e direito juntos, porém, às vezes, independentes, uma vez que na era eletrônica o modelo de comunicação do hemisfério direito é necessário.[4]

O PRÍNCIPE ELETRÔNICO:
UM PRENÚNCIO DA HEGEMONIA VIA TV *ALL NEWS*

A era eletrônica traz à tona novos conceitos sobre o poder tecnológico. Esse poder aparece em novas roupagens, carregando antigas bandeiras. Já é possível identificar os movimentos do príncipe eletrônico, formulado por Ianni, bem como perceber sua atuação na sociedade pós-moderna e defini-lo como o intelectual orgânico dos grupos, classes ou blocos de poder dominantes, em escala nacional e mundial. Essa é, em larga medida, a fábrica da hegemonia e da soberania, que teriam sido prerrogativas do príncipe de Maquiavel e do moderno príncipe de Gramsci. "Agora é o Príncipe Eletrônico que detém a faculdade de trabalhar o *virtú* e a fortuna, a hegemonia e a soberania; ou o problema e a solução, a crise e a salvação, o exorcismo e a sublimação."[5] Nesse sentido,

> no âmbito da mídia em geral, enquanto uma poderosa técnica social, sobressai a televisão. Nela, muito do que é política revela-se espetáculo, entretenimento, consumismo, publicidade. Na televisão, apagam-se territórios e fronteiras, atropelando problemas fundamentais e curiosidades, política e novela, democracia e tirania, de par em par com realidade e virtualidade. Em toda a organização sistêmica atual se destaca a mídia televisiva, que exerce uma influência acentuada ou preponderante nas relações, processos e estruturas de integração social, espalhando-se em diferentes esferas.[6]

A informação desponta como elemento vital para as estruturas sociais de desenvolvimento do poder. Na primeira fase da industrialização dos Estados Unidos,

> [...] se processava a autocolonização dos vazios interiores que desencadearia ondas sucessivas de pioneiros. [...] Foi o tempo do cow-boy (sic) e do índio escorraçado ou morto; o mundo do revólver de seis tiros a que se acrescentaria a escola e o jornalzinho da vila. Depois o jornal local cede lugar ao metropolitano.[7]

Dessa forma, a revolução tecnológica tem para os povos subdesenvolvidos, como pré-requisito básico, uma revolução social interna e um enfrentamento decisivo na órbita internacional, "porque só assim eles poderão retirar os instrumentos de poder e de formulação da ordem social das mãos das classes dominantes internas e dos seus associados internacionais, igualmente comprometidos com o atraso, porque sabem fazê-lo lucrativo para si próprios".[8]

Essa lucratividade exagerada dos grupos de mídia transnacionais promove um domínio mundial também exagerado. O domínio sobre uma produção que cria ou desfaz ídolos em questão de segundos transforma tramas de ficção em problemas nacionais. O domínio sobre essa produção dá instantaneamente esse poder para as emissoras de TV *all news* do mundo inteiro. É um poder inigualável e sem precedentes quanto à rapidez.

Com efeito, a presença de proprietários norte-americanos nos meios de comunicação escrita, e mais recentemente na mídia eletrônica brasileira, bem com o fluxo unidirecional das publicidades por agências estrangeiras sob a forma de associação com empresas locais, a dependência da música e do cinema norte-americanos para abastecer, respectivamente, o sistema de rádio e de televisão dos países periféricos, a importação de material de entretenimento infanto-juvenil no segmento multimídia e a estratégica "preparação" de escritores, produtores, vendedores e artistas, ou seja, dos intelectuais orgânicos locais,[9] constroem uma corrente hegemônica capaz de amarrar o centro de poder aos mais distantes consumidores de informação.

O público já está totalmente seduzido por esse *príncipe eletrônico* que carrega o "fetiche da velocidade". Não importam a qualidade, a profundidade e a fonte de onde vem a informação, o que importa é saber primeiro. Nesse sentido, o *slogan* da CNN pega em cheio esse público: *Be the first to know* (seja o primeiro a saber). As conseqüências desastrosas dessa corrida pelo troféu "quem informa primeiro" estão espalhadas pelo mundo da mídia e viram exemplos de repercussão internacional. Para saciar essa necessidade de informação instantânea, o jornalismo eficiente agora deve ser em "tempo real", os fatos devem ser divulgados simultaneamente ao acontecimento, ou o mais breve possível. Sylvia Moretzsohn faz um relato de vários casos de reportagens inconseqüentes que demarcam a era da informação rápida.[10]

A CNN carrega várias prerrogativas que a associam ao conceito de príncipe eletrônico formulada por Ianni. Ela é atenciosa com seu público, ouve e dá voz, é onipresente, apresenta uma suposta imparcialidade, é querida por seu povo por ser norte-americana, criada por um norte-americano, em território norte-americano e com reconhecimento mundial. Sua eficiência é um exemplo seguido por emissoras do mundo todo, jornalistas ganham projeção mundial ao prestar serviços a esse "príncipe". Seu poder hegemônico orgânico, associado com o poder de divulgar e contribuir com o seu reino de origem, fazem da CNN uma fábrica da hegemonia e da soberania de sua terra natal.

No mundo, a CNN é sempre bem-vinda porque, por meio das suas reportagens, está disposta a mostrar problemas e apresentar soluções, intensificar o debate e dar uma opinião firme por intermédio de seus especialistas. Por isso ela é querida, raramente odiada, exceto pelas hostilidades sofridas no Oriente Médio — habilmente contornadas com parcerias e acordos comerciais de troca de imagens e produtos informativos.

Até os supostos príncipes eletrônicos de outros países (não é direito único da CNN exercer o papel de príncipe eletrônico; a tese de Ianni aponta as habilidades do príncipe que também podem se manifestar em várias esferas da mídia), como a concorrente Al-Jazeera, do Catar, e muitas TVs, rádios, jornais, revistas e portais de Internet já se renderam aos encantos do maior canal de TV com notícias do mundo, reconhecendo seu poder informativo em escala planetária. Sua atuação amplia ainda mais o reinado do megaconglomerado de mídia AOL Time-Warner, do qual o príncipe CNN faz parte. Não raramente, ou-tras tevês formam com ela um *pool* para transmissões de eventos e até de conflitos regionais. Todos querem estar ao lado desse príncipe eletrônico ou ficar admirando seus movimentos precisos, pois a vida contemporânea passa necessariamente por sua tela.

TECNOLOGIA E DESENVOLVIMENTO DA TV VIA SATÉLITE

O satélite de comunicações, a partir dos anos 1960, foi o aparato tecnológico que deu impulso ao processo de transnacionalização dos conteúdos informativo-culturais. Nesse campo, a televisão teve o papel de impulsionar os investimentos por conta do grande interesse da área para utilização dessa tecnologia de alcance global. Os satélites artificiais, do Sputnik soviético e Early Bird norte-americano ao sistema Intelsat, têm se constituído nos instrumentos fundamentais para a globalização da comunicação e do conteúdo produzido pela televisão.[11]

A atual fase da globalização e do desenvolvimento tecnológico é caracterizada pela concentração da mídia e das demais empresas em conglomerados, sendo o capital o elemento de decisão no mundo político. A cultura, a educação, a política e a comunicação passaram a fazer parte da mundialização e da globalização. Com a chegada da tecnologia digital em toda a mídia, começaram a desaparecer as diferenças entre os meios impressos e eletrônicos — jornal na internet, computador, rádio, televisão e telefone são lidos, ouvidos e assistidos na mesma "caixa".[12] O início da TV por assinatura foi possível por causa da junção de todas essas tecnologias.

No Brasil, a chegada da TV por assinatura se deu a partir de 1988, com o boletim número 90 do Ministério das Comunicações estabelecendo o dia 24 de março do ano seguinte como a data em que começaria a receber pedidos de licença para novos canais UHF. E em agosto de 1989, o presidente José Sarney anunciava os vencedores da concorrência: a Editora Abril, que abriu a TVA, e a Rede Globo, que posteriormente lançou a GloboSat.[13]

O resultado desse histórico é que o Brasil é o terceiro maior mercado mundial de consumo de aparelhos de TV — em primeiro estão os Estados Unidos, seguidos da Europa.[14] Aí reside o interesse das grandes corporações mundiais de mídia e de tecnologia.

TV POR ASSINATURA: ALTA TECNOLOGIA?

A transmissão digital é realizada por meio da tecnologia conhecida como Banda KU, e a analógica, pela Banda C. Pela Banda KU são transmitidos canais por assinatura que permitem o sistema *pay-per-view*. Em 1995, executivos da Telecommunications, Inc. (TCI, a maior operadora de TV a cabo dos Estados Unidos) provocaram expectativas ao anunciar um pacote com 500 canais. Era apenas um prenúncio dos números que circulavam nas ofertas de novos canais.

O segmento de televisão por assinatura segue o princípio de entrega do sinal ponto a ponto. Isso permite o controle total do assinante, que paga para receber em sua casa os programas de uma operadora de canais por assinatura. Essa operadora mantém um relacionamento comercial com uma programadora, que fornece um pacote de programação com várias opções de canais. Alguns são exclusivos de uma única programadora e operadora. Mas a maioria oferece os canais básicos repetidos, variando as opções apenas nos pacotes de maior valor de assinatura. Os canais abertos, transmitidos em UHF e VHF, fazem parte dos pacotes, bem como os canais de acesso público — canal comunitário, universitário e um canal para uso do poder público do município.[15]

OPERADORAS E PROGRAMADORAS

Operadora é a empresa responsável pela distribuição de sinais de TV por assinatura. Normalmente, a operadora não produz conteúdo. Ela capta os sinais dos canais contratados ou dos canais abertos, processa-os e os envia aos assinantes por meio de cabo, microondas ou satélite. Também é a operadora a responsável pelo atendimento e pela cobrança dos assinantes.

Programadoras são empresas que fornecem conteúdo (canais) para a TV paga. Podem produzir programação própria, representar canais estrangeiros em um determinado país ou comprar programas e reformatá-los para transmiti-los para o público local. As operadoras pagam às programadoras, responsáveis pelo conteúdo, pela exibição de seus canais, sempre em uma base mensal por número de assinantes. Os custos com programação giram em torno de 20% a 30% dos custos totais de uma operação.[16]

Quem compra os serviços de televisão por assinatura pode receber os programas em sua casa por meio de dois sistemas: cabo e satélite. O sistema de cabos compreende uma rede física que interliga a sede da operadora até a casa do assinante. Esse sistema de cabos obedece à legislação, por intermédio da Lei de Serviço de TV a Cabo, sancionada em 1995,[17] e é obtido por meio de concorrência e concessão públicas. Cada cidade tem uma ou mais empresas que obtêm a concessão para o cabeamento de uma região. Já o outro sistema, via satélite, exige do assinante a instalação de uma antena que recebe sinais direto de um satélite e oferece, além dos canais pagos mensalmente, o sistema *pay-per-view*. Nesse sistema, o assinante pode "comprar" programas, que vão de eventos esportivos a filmes.

PROGRAMAÇÃO NA TV ABERTA E POR ASSINATURA

As possibilidades visuais do veículo e suas limitações influenciaram claramente o aproveitamento de fórmulas dos meios que antecederam a TV. A regravação dos gêneros tradicionais (e a criação eventual de novos gêneros) está associada a um fator muito mais importante, que afeta a estrutura básica e a formatação dos programas: o econômico. E o motivo dessa padronização em categorias e gêneros não é desconhecido e pode ser interpretado, mais uma vez, por uma indústria que tem seus produtos à venda. O comprador desse produto, no caso, é o mercado publicitário, que precisa identificar um público-alvo e tem pouca disposição para o risco. "Poucos anunciantes desejam arriscar patrocinar programas não-convencionais."[18] Por isso, a programação das TVs abertas serviu de inspiração para o lançamento de canais segmentados.

Programação é o conjunto de programas transmitidos por uma rede de televisão. O principal elemento para a programação é o horário de transmissão de cada programa. A programação horizontal é, em resumo, a estratégia utilizada pelas emissoras abertas de estipular um horário fixo para um determinado gênero todos os dias da semana, com o objetivo de criar o hábito de o telespectador assistir ao mesmo programa em determinado horário. *Diferentemente das emissoras abertas, as TVs por assinatura adotam uma grade de programação diagonal, ou seja, os programas mudam de horário apresentando reprises, o que possibilita alcançar a audiência em vários horários.*

A distribuição dos programas em horários planejados e previamente divulgados pela emissora, desde o início da programação até o encerramento das transmissões, cria um plano conhecido como *grade horária* semanal. A grade horária de uma emissora é o resultado das pesquisas de audiência e da estratégia de cada rede. Sua elaboração gráfica permite a visualização da programação semanal num único quadro.

A globalização conduz à aliança de televisões públicas e privadas, hertzianas e por satélite, intercontinentais, temáticas e generalistas, a fim de incrementar uma oferta que vai do esporte à ficção, do documentário ao entretenimento, dos programas infantis aos pornográficos, da informação geral à especializada em serviços públicos, do ensino à telecompra.[19] A TV por assinatura veio alimentar ainda mais a circulação de programas de interesse mundial e com formatos aceitos internacionalmente.

Foi nesse segmento de televisão paga que surgiram os canais segmentados por programa. Obviamente, o caráter de entretenimento que está vinculado à televisão desde o seu início promoveu sua segmentação, criando uma programação por canais para transmitir durante 24 horas filmes, desenhos e documentários — e permitindo a inauguração do gênero notícias, já existente no rádio, por meio da pioneira CNN, em 1980. A idéia é que o telespectador assista àquilo de que gosta e, se quiser assistir a outro gênero de programa, deve mudar de canal. Trata-se de uma filosofia diferente das redes de televisão abertas, que estabelecem uma programação variada com todos os gêneros em horários predeterminados: infantil de manhã; variedades à tarde; novelas, filmes e jornalismo, com pitadas de esporte, à noite.

As TVs por assinatura oferecem pacotes de programação que refletem, com nitidez, uma globalização de conteúdos, com canais norte-americanos ou reempacotados com produção proveniente, em sua maioria, dos Estados Unidos (HBO, Telecine, TNT, Fox, USA, GNT, MTV, ESPN, CNN, MNBC, Discovery, Cartoon Network, Foxkids e outros), da Europa (Eurochannel, TV5, francês; RAI, italiano; BBC, inglês, e outros), além de canais hispânicos, como os mexicanos Eco, Telenotícias, Telehits, Ritmo Som e Canal de las Estrellas.[20]

Nos Estados Unidos e no Brasil, a TV existe principalmente para o entretenimento,[21] e seus programas seguem uma classificação que nasceu na TV aberta e migrou para a TV por assinatura, que será apresentada a seguir.

FORMATOS DA INFORMAÇÃO NA TV

A separação dos programas de televisão em categorias atende a uma necessidade de classificação dos gêneros correspondentes. Por isso, a categoria abrange vários gêneros e é capaz de classificar um número bastante diversificado de características que se constituem, na concepção de Martín-Barbero, no elemento que une o espaço da produção, os anseios dos produtores culturais e os desejos do público receptor.[22]

Gêneros na televisão podem, portanto, ser entendidos como "estratégias de comunicabilidade", "fato cultural" e "modelo dinâmico", articulados com as dimensões históricas de seu espaço de produção e apropriação, na visão de Martín-Barbero. Congregam em uma mesma matriz cultural referenciais comuns, tanto a emissores e produtores como ao público receptor. Somos capazes de *reconhecer* este ou aquele gênero, falar de suas especificidades, mesmo ignorando as regras de sua produção, roteirização e de seu funcionamento. A familiaridade se torna possível porque os gêneros acionam mecanismos de recomposição da memória e do imaginário coletivos de diferentes grupos sociais.[23]

A classificação de categoria e gêneros em televisão vem sempre acompanhada de um conceito com poucas referências científicas: trata-se do termo *formato*, tido como jargão no mercado de produção, mas não reconhecido ou sistematizado em obras científicas que abordam o tema. Associado ao gênero de um programa, está diretamente ligado a um formato que é definido como "as características gerais de um programa de televisão",[24] ou "a forma geral de um programa de TV. Os aspectos de um programa de TV".[25] Para a identificação e tipificação desses conceitos, apresentamos as referências bibliográficas de Melo,[26] Rezende,[27] Herreros,[28] Martín-Barbero, e os conceitos de comunicação e informação.

Para entender a classificação de jornalismo na televisão como um gênero comunicacional, é necessário recorrer aos conceitos de comunicação e informação:

> [...] Entendemos que há uma distinção básica entre comunicação e informação. No primeiro caso, trata-se de um fenômeno bidirecional, essencialmente dialógico, para usar a caracterização de Paulo Freire. No segundo caso, trata-se de um fenômeno que Maletzke tipifica como unilateral, indireto e público, o que se aplica bem aos processos de reprodução simbólica.[29]

Os programas da *categoria informação* e do *gênero telejornalismo* apresentam múltiplas funções em face do desenvolvimento e aprimoramento do jornalismo no mundo. "O jornalismo é um fenômeno universal, mas suas raízes são européias. Entender as manifestações que floresceram nos territórios onde essa inovação cultural que se deu pela ação dos colonizadores implica resgatar traços originais que permaneceram e vislumbrar as transformações determinadas por contingências históricas."[30]

A multiplicidade dos gêneros jornalísticos na cultura brasileira estimula a experimentação dos formatos e das comparações com outras categorias da televisão. Esse conceito é apresentado por Melo, ao afirmar que

> [...] o jornalismo brasileiro tem uma fisionomia entrecortada por múltiplas diretrizes, algumas convivendo contraditoriamente no estilo que nos trouxeram os portugueses, outras que nos chegaram através dos processos de comunicação intercultural implícitos nos movimentos migratórios, e também aquelas que emergiram de situações de dependência tecnológica e econômica, que incluem no seu bojo alterações simbólicas fundamentais. [...] Compreender os gêneros jornalísticos significa, portanto, estabelecer comparações, buscar identidades, indagar procedências.[31]

O desenvolvimento do telejornalismo no Brasil foi alavancado por patrocinadores multinacionais que já conheciam o sucesso e a importância do gênero em seus países de origem. O primeiro telejornal brasileiro reflete essa tendência mundial e começa sob influência do telejornalismo norte-americano.

> Em 4 de agosto de 1952, a TV Tupi veio a fechar importante contrato com a Esso para a apresentação do "Repórter Esso". O prestígio do programa já vinha do rádio, no qual se tornou o noticioso de maior evidência. Fora lançado em 20 de agosto de 1941 na Rádio Nacional. [...] Na TV, eram programas de cinco minutos, várias vezes ao dia e contendo as últimas e mais destacadas notícias [...] Gontijo Teodoro, o primeiro apresentador de telejornal no Brasil, escreveu em seu livro: "Mas aos poucos o Repórter Esso sentiu a necessidade de ser TV e não rádio. Modificou-se, ganhou

formato próprio e seguiu a sua trajetória pioneira, refletindo a estrutura do telejornalismo norte-americano, adaptado ao nosso gosto".[32]

A pressão para a implantação da TV em cores aumentou a dependência da produção estrangeira. Um programa colorido custava pelo menos 30% mais — e os programas em cores ao vivo, até dez vezes mais que os programas em preto-e-branco. Nesse ponto, o Brasil saiu na frente e se tornou "exportador" de aparelhos de TV e de programas para os vizinhos da América Latina, transmitindo futebol e novelas. Uma pesquisa que acompanhou a programação da televisão brasileira durante dez anos classificou 5 categorias, 37 gêneros e 31 formatos de programas. Quatro são da categoria *informação* e também estão presentes na grade da CNN.

CATEGORIAS E GÊNEROS DOS PROGRAMAS NA TV BRASILEIRA[33]

CATEGORIA	GÊNERO
Entretenimento	Auditório • Colunismo social • Culinário • Desenho animado • Docudrama • Esportivo • Filme • *Game show* (competição) • Humorístico • Infantil • Interativo • Musical • Novela • *Quiz show* (perguntas e respostas) • *Reality show* (TV-realidade) • Revista • Série • Série brasileira • *Sitcom* (comédia de situações) • *Talk show* • Teledramaturgia (ficção) • Variedades • *Western* (faroeste)
Informação	Debate • Documentário • Entrevista • Telejornal
Educação	Educativo • Instrutivo
Publicidade	Chamada • Filme comercial • Político • Sorteio • Telecompra
Outros	Especial • Eventos • Religioso

FORMATOS DOS PROGRAMAS NA TELEVISÃO BRASILEIRA[34]

FORMATO	AO VIVO	GRAVADO	ESTÚDIO	EXTERNA
Ao vivo[35]	X	X	X	X
Auditório	X	X	X	X
Câmera oculta (pegadinhas)		X		X
Capítulo		X	X	X
Debate	X	X	X	X
Depoimento	X	X	X	X
Documentário		X		X
Dublado		X	X	
Entrevista	X	X	X	X
Episódio		X	X	X
Esquete		X	X	X
Game show	X	X	X	X
Instrucional		X	X	X
Interativo	X		X	X
Legendado		X	X	
Mesa-redonda	X	X	X	X
Musical	X	X	X	X
Narração em *off*	X	X	X	X
Noticiário	X	X	X	
Quadros		X	X	X
Reportagem	X	X		X
Revista	X	X	X	
Seriado		X	X	X
Talk show	X	X	X	X
Tele-aula	X	X	X	
Telejornal	X	X	X	
Teletexto		X	X	
Testemunhal	X	X	X	X
Videoclipe		X	X	X
Vinheta		X	X	
Voice-over	X	X	X	

FORMATOS DO GÊNERO TELEJORNALISMO

Hoje, no jornalismo eletrônico, tudo deve ser feito para que se "ganhe tempo". A precisão na comunicação e a velocidade com que a informação deve ser transportada são fundamentais para a dinâmica do novo modelo, comandado pelas grandes corporações-redes.[36] Nesse aspecto, os canais de notícias ganham em agilidade se comparados ao esquema de programação das grandes redes abertas.

Para atender a essa dinâmica, a rede de TV *all news* CNN pode ser classificada atualmente na *categoria informação* e ser apresentada na tela em *gêneros e formatos do telejornalismo*, a fim de não cansar a audiência.[37] A análise da programação da CNN traz alguns exemplos de classificação, que serão apresentados adiante. Um dos pontos fortes da programação é, sem dúvida, o gênero entrevista, que apresenta pessoas do mundo inteiro que se tornam ainda mais conhecidas internacionalmente — basta aparecerem na tela da CNN.

A produção do gênero *entrevista* procura pessoas ligadas às áreas de cultura, política, economia, entre outras, na maioria jornalistas de renome, para ficar frente a frente com o apresentador, dentro ou fora dos estúdios. Ao assumir um clima de descontração e intimidade, pode haver uma redefinição do gênero entrevista. Com tais elementos de informalidade, esse gênero se aproxima de outro, classificado nos Estados Unidos como *talk show*. Esses dois gêneros se aproximam, mas com diferenças que demarcam o território do jornalismo e do *show*. Na CNN, o gênero é representado pelo programa *Larry King Live*, *talk show* ao vivo com o apresentador que inspirou inúmeros programas idênticos no mundo. Utiliza o formato apresentador fixo e um entrevistado.

A entrevista é um relato de um ou mais protagonistas do fato, possibilitando-lhes um contato direto com a coletividade. As entrevistas podem ter como assunto principal tanto a vida do próprio entrevistado quanto uma ou mais informações que permitam a ele expressar sua opinião ou relatar sua participação em determinado fato.

As produções de baixo investimento entram como alternativa para emissoras com pouco poder financeiro para produzir programas informativos mais sofisticados. O gênero *debate* não necessita de grandes investimentos — cenário e transporte de convidados são os elementos básicos — e pode possibilitar o preenchimento de um espaço da grade horária com duração elástica.

O elemento principal que classifica o gênero *debate* é o número de entrevistados e entrevistadores. Sempre estão no vídeo mais de um entrevistador e convidado, que também atuam como comentaristas. É o que cria o debate, diferentemente do gênero entrevista, que pode ser produzido com apenas um apresentador e um entrevistado. O programa *Cross fire*, da CNN, centraliza esse gênero. No Brasil, o jornalista Paulo Henrique Amorim apresentou um programa semelhante na Rede Bandeirantes, mas teve o cuidado de, ao menos, traduzir o nome para *Fogo cruzado*.

Os assuntos e os convidados variam de acordo com a proposta da emissora: pode-se debater um único tema, com vários convidados opinando e respondendo às indagações dos entrevistadores e apresentadores fixos; pode-se criar um debate sobre vários temas num único programa, o que também pode dar um tom de atualidade e variedade; programas de natureza definida — esportivo, política, educativa, entre outros — também se fixam sobre a fórmula para aprofundar o tema e apresentar especialistas em assuntos que segmentam o programa.

A fixação de um apresentador faz parte da maioria dos programas de debate. Alguns entrevistadores, às vezes comentaristas, também se contrapõem para aumentar a diversidade de opiniões a respeito do tema debatido e interpelar os convidados. O programa de debate ainda pode apresentar pequenas reportagens, que ilustram o assunto a ser debatido, ou ainda entrevistas com um convidado principal, que vai discutir o tema do programa com o público ou convidados, sempre com a mediação do apresentador.

Os *documentários* carregam a bandeira do prestígio de suas emissoras, pois são uma demonstração da qualidade dos programas do departamento de telejornalismo. O documentário é a antítese da ficção, da fabricação de fantasia.[38] A produção de um documentário pode apresentar muitos formatos dentro do próprio gênero. A abordagem de um assunto pode utilizar videoclipes, entrevistas, debates, narração em *off*, tudo com o objetivo de não tornar o programa cansativo e de apresentar de forma variada as informações colhidas de várias fontes.

Outras descrições são apresentadas mais adiante, de acordo com a grade de programação da CNN. Estão em análise a totalidade dos programas e suas características principais.

TELEJORNALISMO: DE ONDE VEM, PARA ONDE VAI

O telejornalismo norte-americano influenciou o brasileiro desde o início do gênero no país. Marcas visíveis, que vão desde o patrocínio até o formato de exibição, apresentam elementos que marcaram o desenvolvimento do telejornalismo em nosso país. Recentemente, alguns elementos promoveram a credibilidade por meio da opinião, apresentando um novo padrão após tantos anos de solidificação do formato telejornal:

> Nesse cenário, a adoção do modelo de apresentação de telejornais com o uso do âncora trouxe a única mudança significativa na arte de difundir notícias no horário nobre da TV brasileira [...], o jornalista Boris Casoy, que com certeza é o primeiro âncora da TV no país, é hoje o *must* das referências e reconhecimento da importância desta inovação no Brasil.[39]

Essas inovações na linguagem do jornalismo tendem a ser cada vez mais freqüentes por várias razões. Uma delas é o custo de produção de notícias. Outra é a rapidez e a recepção imediata da mensagem de uma forma que até então nunca foi produzida e recebida. Antes, os repórteres tinham tempo de contemplar uma história. Agora, chegam ao fato no momento da ocorrência e devem transmitir o que estão presenciando para o mundo todo. Por isso, o ingrediente básico para o jornalista de televisão é a sua capacidade de entender e sintetizar a notícia, de modo que não perca o "charme" da história.[40]

Várias pesquisas tentam comparar a qualidade ou as semelhanças do jornalismo praticado nos Estados Unidos e em outros países. No jornalismo brasileiro,

> a diferença que mais impressiona o observador dos jornalistas americanos e brasileiros, no entanto, não é técnica mas política. Os jornais nos EUA têm um poder de influenciar a sociedade muito superior ao dos seus parceiros no Brasil. É claro que isso depende em parte da qualidade do desempenho dos jornais. Mas em grande medida é decorrência direta do tipo de sociedade política que se criou.[41]

Mesmo nos referindo, nesse caso, ao jornalismo impresso, a imprensa norte-americana carrega esse poder de influência incontestável dos jornais para a mídia eletrônica, inclusive no segmento canal de notícias.

A ampliação do telejornalismo na televisão se deu em vários segmentos da programação, passando a ocupar um espaço além dos noticiários, com novas fórmulas. A conquista de importância na grade horária da programação fez as grandes redes de televisão do mundo todo investirem no telejornalismo tanto quanto em outros gêneros. As grades podem deixar de apresentar um ou outro gênero, mas o telejornalismo ocupa espaço e visibilidade fundamentais para o conceito de rede de televisão.

~

NOTAS

1. Marshall McLuhan, *The global village: transformations in world life and media in the 21st century.*

2. Jacques Ellul, *Propaganda: the formation of men's attitudes.*

3. George Ritzer, *The Mcdonaldization of society: an investigation into the changing character of contemporary life.*

4. As abordagens apresentadas neste capítulo fazem parte da obra *The global village: transformations in world life and media in the 21st century*, de Marshall

McLuhan, Procurei fazer um resumo para servir de referência para a análise da televisão global.

5. Octávio Ianni, *O príncipe eletrônico.*
6. *Ibidem*, p. 11-22.
7. Darcy Ribeiro, *As Américas e a civilização*, p. 543.
8. *Ibidem*, p. 437-39.
9. Sérgio de Souza Brasil, "A internacionalização na produção das informações", p. 258.
10. Sylvia Moretzsohn, *Jornalismo em "tempo real": o fetiche da velocidade.*
11. Murilo César Ramos, "TV por assinatura: a segunda onda de globalização da televisão brasileira", p. 142.
12. George Spencer, "Microcybernetic as the meta-technology of pure control".
13. Um histórico detalhado da implantação da TV por assinatura no Brasil está registrado na obra de Luiz Guilherme Duarte, *É pagar para ver* (São Paulo: Summus, 1996).
14. *Exame*, 23 abr. 97, p. 32.
15. www.abta.org.br — Mídia Fatos.
16. www.abta.org.br — Mídia Fatos — Associação Brasileira de TV por Assinatura.
17. Murilo César Ramos, *TV por assinatura: conceito, origens, análise e perspectivas.*
18. Brian Rose, *TV genres*, p. 5.
19. Lorenzo Vilches, "Globalização comunicativa e efeitos culturais", p. 96.
20. Murilo César Ramos, "TV por assinatura: a segunda onda de globalização da televisão brasileira", *op. cit.*, p. 163.
21. Anne Cooper e Regina Silva, *Game shows: television game shows in Brazil and the United States.*
22. Silvia Helena Simões Borelli (org.), *Gêneros ficcionais: produção e cotidiano na cultura popular de massa*, p. 132.
23. Jesús Martín-Barbero, *De los medios a las mediaciones*, p. 239-42.
24. R. Terry Elmore, *Mass media dictionary.*
25. Richard Weiner (ed.), *Webster's new world dictionary of media and communication.*
26. José Marques de Melo. *A opinião no jornalismo brasileiro*, p. 62.
27. Guilherme Jorge de Rezende, *Telejornalismo no Brasil: um perfil editorial.*
28. Mariano Cebrián Herreros, *Géneros informativos audiovisuales: radio, televisión, periodismo, gráfico, cine, vídeo.*
29. José Marques de Melo, *op. cit.*, p. 23.
30. Idem, *Para uma leitura crítica da comunicação*, p. 146.
31. *Ibidem.*
32. Gontijo Teodoro, "Você entende de notícia?", p. 205.
33. José Carlos Aronchi de Souza, *Gêneros e formatos na televisão brasileira*, p. 92.
34. *Ibidem*, p. 169.
35. Esse formato apresenta a variação "transmitido ao vivo" ou "gravado ao vivo".
36. Maria da Conceição Tavares, "Prefácio", p. 10.

37. Mariano Cebrián Herreros, *op. cit.*

38. Raymond Carroll, "Television documentary", p. 237.

39. Sebastião Squirra, "O telejornalismo brasileiro num cenário de competitividade", p. 37.

40. John Herbert, *Journalism in the digital age: theory and practice for broadcast, print and on-line media*, pp. 100-107.

41. Carlos Eduardo Lins e Silva, *O adiantado da hora*, p. 148

Capítulo 3
A gênese da CNN

O GÊNERO *ALL NEWS*

O surgimento de um canal de notícias de alcance mundial como a CNN segue as teorias que acompanham o desenvolvimento das agências de notícias. Essas agências reconhecem como um dos aspectos mais importantes a identificação e influência dos "porteiros" (*gate keeper*),[1] que deixam "passar" as notícias por suas portas. As pesquisas sobre a *agenda setting* (hierarquização dos temas prioritários, definição de temários) também tornaram-se bastante populares. Se uma notícia não passar pelos "porteiros" e não for incluída no temário (assim, não é coberta nem reportada), não existe a possibilidade de que a maioria das pessoas tenha acesso a ela. Isso acontece na transmissão das notícias internacionais.

O rápido crescimento das agências de notícias acompanhou o interesse mundial das empresas norte-americanas, que a princípio era de natureza econômica; mas ela rapidamente deram-se conta da utilidade do componente cultural nessa difusão de notícias. A rápida progressão internacional do capitalismo norte-americano, desde o princípio dos anos 1940, promoveu também uma liberdade em várias áreas: liberdade de capital, dos recursos e dos circuitos de informação.[2] As imagens desse crescimento passaram a ser divulgadas pelas agências de notícias e, com a chegada da TV *all news*, pelas reportagens completas do estilo de vida norte-americano. O terreno para a construção dos canais de notícias encontrava-se, nesse momento, totalmente plano, à espera do projeto pioneiro da CNN.

O MENTOR AVENTUREIRO E O RESUMO DA AVENTURA

Se fosse pelo incentivo dos profissionais de televisão, Ted Turner não teria entrado para a história do telejornalismo com sua idéia de montar uma rede internacional de notícias pela TV. Registramos alguns depoimentos de "colegas", profissionais de larga experiência na televisão dos Estados Unidos, poucos meses antes da estréia da CNN, a Cable News Network (rede de notícias por cabo), em 1980:

> As emissoras a cabo crêem que Turner não sabe distinguir a bunda de um buraco na rua quando se trata de jornalismo. Se ele tivesse estudado a questão, teria partido para outra. Quem sabe sua iniciativa ajude a nós, que podemos fazer isso melhor. Pena que vai custar tão caro para ele.
>
> *J. Christopher Burns, vice-presidente da Washington Post Co.*

> Quando se começa a deslocar equipes para o local dos acontecimentos, é preciso investir pesado. Em uma história grande, digamos, Cuba ou Irã, seria necessário mandar duas ou três equipes. O custo de uma viagem dessas dá para manter uma família de quatro pessoas durante um ano.
>
> *Burton Benjamim, vice-presidente e diretor da CBS News.*

> Cada uma das grandes redes, cujos serviços noticiosos, lamento dizer, ocupam bem menos que 24 horas diárias, vai gastar cerca de US$ 100 milhões neste ano em jornalismo. Turner investiu menos de um quarto dessa quantia. Eis aí o problema.
>
> *Richard Salant, vice-presidente do conselho da NBC.*[3]

Com base nessas previsões, o problema de implantação de uma rede mundial de televisão que transmitisse 24 horas de notícias foi basicamente um: o custo do investimento para a manutenção do sistema. Alguns percalços operacionais foram resolvidos à medida que o desenvolvimento tecnológico avançava, e é interessante como foram se desfazendo mitos do processo televisivo. O primeiro foi o perfil do idealizador do projeto.

Ted Turner é um empresário norte-americano, filho de publicitário de classe média alta, natural de Atlanta, Geórgia, com espírito empreendedor. Quando tinha 24 anos, seu pai se suicidou com um tiro na cabeça porque os negócios iam mal. A partir daí assumiu as empresas, tornando-as rentáveis. Sua primeira investida em TV foi em 1970, quando comprou o Canal 17 em Atlanta e o Canal 36 na Carolina do Norte, ambos em situação financeira precária. Em Atlanta, sua estratégia de *marketing* para garantir a audiência foi a de adquirir os direitos de transmissão do time de beisebol da cidade. Mais tarde, Turner comprou esse mesmo time, para impedir que ele fosse vendido para outra cidade, e reforçou a programação esportiva da rede.

O primeiro investimento em cabo foi possível quando Turner garantiu dois canais no satélite Satcom 1. Ele tinha idéia de fazer um canal de notícias via satélite, com base na boa aceitação das redes de rádio que já transmitiam nesse sistema. Em 1978, a TV por cabo nos Estados Unidos era basicamente de entretenimento. Turner achava que o jornalismo na TV estava na "idade da pedra", se comparado a outras programações — e não estava errado. Por isso planejou uma programação destinando meia hora para cada assunto: notícias, esportes, gente, negócios. Depois de duas horas, tudo se repetiria. A fórmula original foi sendo moldada mais tarde, pois a fase de desenvolvimento o fez adiar os planos.

A disputa por um canal de satélite para a implantação da CNN não deve ter envolvido apenas o campo jurídico. A proposta de uma televisão global, nos moldes das grandes agências noticiosas, apresentada por Ted Turner ao governo norte-americano, certamente serviu de argumento favorável para a nova emissora *all news* obter seu canal exclusivo. Os poucos canais de satélite disponíveis na época eram disputados por grandes corporações e países do mundo todo, tanto que em 1969 a Nasa assinou acordo com a Índia para instalar um sistema nacional de satélites de comunicação, com o claro objetivo de "demonstrar o valor potencial da tecnologia de satélite para desenvolver rapidamente meios de comunicação de massa eficazes nos países em desenvolvimento".[4] O resultado foi o lançamento do satélite ATS-6 em 1975, transmitindo programas de tele-educação para a Índia e aumentando ainda mais o interesse por canais via satélite, acirrando a disputa para Ted Turner lançar o seu canal em 1980.

Para que a bandeira norte-americana fosse hasteada pela CNN e vista por todo o mundo, a obtenção de um canal de satélite em 1980, num momento de grande disputa por esse recurso, traz à tona as afirmações de Schiller:

> O preço para utilização dos sistemas de satélite só está ao alcance das grandes companhias dominadas pelos interesses do capital internacional, e portanto não pode ser um sistema democrático que permita a participação de grandes setores da opinião pública. [...] Trata-se de uma aliança entre a indústria das novas tecnologias de comunicação e o Estado, um monopólio tecnológico e econômico que não hesitará em unificar as mensagens de modo a configurar e modelar a consciência individual no sentido de que certos valores se convertam nos valores mais importantes.[5]

Nesse sentido, a batalha jurídica que a CNN afirma ter travado para obter o canal de satélite e lançar sua rede mundial de notícias não deixa de contar com o interesse, mesmo que não declarado, dos Estados Unidos em prover os meios para o desenvolvimento do primeiro canal *all news* norte-americano e mundial.

Ao se dedicar ao projeto e obter informações com simpatizantes e profissionais que se dispuseram a trabalhar para aquela utopia, Turner pôde perceber a verdadeira dimensão de uma rede mundial de televisão. Conseguiu levantar dinheiro negociando com bancos e vendendo uma de suas emissoras. Mesmo sem poder iniciar o processo de produção, começou a contratar profissionais. Era o início de 1980, ano de inauguração da CNN, e Turner ainda enfrentava problemas com a transmissão do sinal por causa do satélite.

Nessa empreitada, o empresário colecionou também alguns desafetos, que afirmam que a CNN não é invenção dele. Seu braço direito e presidente por três anos da CNN, Reese Schonfeld, escreveu sem rodeios: "A CNN é minha invenção". Schonfeld se diz esquecido na memória da CNN por causa do ego de Turner, que o eliminou da história da implantação da rede de notícias.[6]

Memórias à parte, a sorte acompanhou a implantação do empreendimento. Turner adquiriu antecipadamente um canal no satélite ainda em construção. Porém, o satélite perdeu-se no espaço logo após o lançamento. Com isso, Turner iniciou e ganhou uma batalha jurídica para obter o direito de uso do único canal disponível e que estava sendo disputado pelas maiores redes de televisão dos Estados Unidos. Inaugurou, então, a Cable News Network como previa: em 1º de junho de 1980, com transmissão por satélite, ao vivo, 24 horas. De início, a CNN já mostrou a que veio ao cobrir uma visita do então presidente Jimmy Carter a um líder do movimento dos direitos civis, que estava internado em um hospital em Fort Wayne, Indiana. A publicidade na TV sempre teve seu horário intocável, e era um fato inédito interromper a programação no horário dos comerciais para uma transmissão ao vivo.

Outro mito desfeito pela CNN foi o das estrelas do vídeo. Como os âncoras eram trocados constantemente, a rede passava por um processo de "desmitificar" o papel das estrelas da televisão. A verdadeira estrela da rede, desde o começo, era a própria notícia. Simultaneamente, não dava para ignorar as qualidades de bons profissionais, começando pelos jornalistas Dan Schorr, Bernard Shaw e outros. Seus quadros profissionais eram ecléticos, formados por gente experiente, jovens e profissionais fora do eixo Nova York–Washington.

Mesmo com sérios problemas financeiros e desacreditada pelas grandes redes, a CNN já começou como a quarta maior rede dos Estados Unidos, atrás da ABC, da CBS e da NCB, que também jogaram pesado na guerra pela audiência. A próxima batalha do idealizador era incluir a CNN em todos os pacotes das operadoras de cabo. Aos poucos, a rede de notícias foi alcançando sua meta, mas houve problemas de audiência nos quatro primeiros anos, por conta da desconfiança das operadoras: elas não acreditavam no sucesso da rede e no fôlego financeiro do grupo empreendedor.

Para diversificar as atividades do canal de notícias, em 1981 Turner lançou a CNN-2 com *Headline news*, um serviço de notícias com trinta minutos de duração. Em 1982 lançou a CNN Radio, com a mesma proposta jornalística da TV. Em 1984 foi a vez de invadir o espaço de outro gênero com um canal de música, vendido mais tarde para a MTV. Foram iniciativas que contribuíram para consolidar o *negócio* principal, mas que foram vistas pela concorrência como alternativas para evitar o fracasso eminente.

O principal jornal da CNN era o *Prime time news*, das 20h às 22h (horário de transmissão nos Estados Unidos), horário nobre também para as redes de sinal aberto tradicionais; por isso, concorria com todas as armas disponíveis. Turner inovou ao apresentar como cenário a própria redação do telejornal, recurso mais tarde imitado por muitas emissoras norte-americanas e do mundo todo, inclusive as brasileiras. Lançou o acordo recíproco para a troca de notícias com as principais redes de TV em vários países. Nesse acordo, a CNN pôde se aproveitar de um rico material produzido em diversas regiões do planeta, ao contrário das redes tradicionais, que se utilizavam apenas das imagens de agências de notícias e dos correspondentes internacionais. Em contrapartida, a CNN fornecia para as redes imagens e reportagens de cobertura internacional, troca bastante interessante para os canais locais, por causa do custo de deslocamento e manutenção de equipes e correspondentes internacionais.

A curva de desenvolvimento financeiro da CNN foi de baixa aterrorizante a alta surpreendente e constante. A rede amargou prejuízos de até US$ 20 milhões por ano até 1985. Em 1986 deu um lucro líquido de US$ 20 milhões. Até 1988 já somava US$ 183 milhões de lucro líquido, batendo todas as expectativas de audiência e penetração no mercado da informação. Ao vivo, a CNN teve momentos difíceis e alguns trunfos. Telespectadores de todo o mundo assistiram a imagens exclusivas transmitidas pela rede, como o lançamento e a conseqüente explosão da nave espacial Challenger. Outro acidente que teve transmissão ao vivo e exclusiva pela CNN foi o atentado ao presidente Ronald Reagan. Em ambos os casos, nenhuma rede dos Estados Unidos "farejou" a notícia, justamente porque seus formatos impedem a cobertura indiscriminada de qualquer fato. O tempo é o fator decisivo para as coberturas jornalísticas nas emissoras de sinal aberto.

Ted Turner não diminuiu a velocidade dos seus investimentos com o retorno financeiro da sua principal fonte. Em 1985 comprou a companhia cinematográfica MGM/United Artists, de Hollywood, assumindo uma dívida de US$ 1,4 bilhão. Para tanto, precisou vender parte da Turner Broadcasting System (TBS) para operadoras de cabo, que, depois de muita resistência, já vislumbravam o sucesso do empreendimento. Nesse mesmo ano, a CNN lançou o programa *World report*, um jornalismo de variedades com reportagens de três minutos realizadas por emissoras do mundo inteiro, sem edição nem censura. Em 1988 Ted criou nova rede: a TNT, na qual apresentava o arquivo de filmes clássicos da MGM.

A CNN até então só falava inglês. Mas não demorou para atracar em outros portos. Iniciou com uma tímida programação em espanhol, depois destinou um canal de satélite para conquistar telespectadores de origem hispânica e latino-americana, com 24 horas de informação em língua espanhola. O sucesso da CNN veio com o décimo aniversário, chegando a 84 países e com quase dois mil funcionários. A rede conseguiu incorporar a idéia de "aldeia global" com alguns requintes, identificados ao longo de sua história por pesquisadores da mídia.

A CNN foi se mostrando cada vez mais agressiva na busca de notícias. Em janeiro de 1987 passou a estimular os telespectadores a ligar para a emissora, por meio de um número gratuito, caso tivessem algum assunto inédito. A partir daí, começou a exibir em média quatro furos de reportagens por mês, incluindo cenas do descarrilamento de um trem em Montana e de um tornado na Carolina do Sul. Um cinegrafista amador registrou quando um Boeing 737 fez um pouso de emergência no Havaí, depois de ter sua fuselagem rompida. Em todos os casos, a rapidez da CNN deixou a concorrência vendo seus índices de audiência despencarem.[7]

Uma pesquisa realizada pela Columbia University na década de 1980 considerou o telejornalismo da CNN "menos sensacionalista" que em outras redes.[8] Se por um lado é inegável sua contribuição para o avanço da cobertura jornalística na televisão, por outro há muita controvérsia quanto aos seus propósitos, principalmente hoje, por ser um dos negócios de comunicação mais rentáveis do planeta e por fazer parte do maior conglomerado de comunicação e entretenimento do mundo: a AOL Time-Warner Company. No Brasil, a chegada da TV por assinatura é vista como mais uma onda globalizante da televisão brasileira.[9] Obviamente, a CNN está no topo dessa onda.

O NEGÓCIO VINGOU

Um olhar sobre o histórico da CNN pode ser sintetizado em algumas linhas que demarcam seu nascimento e seus números atuais. Primeiro nasceu a CNN, em 1980. Depois a Headline News, mais uma rede de TV com informações 24 horas para os Estados Unidos. Em 1985 Turner criou a CNN International (CNNI), com a intenção de transmitir notícias para todo o mundo. Em 2005, por meio de uma rede de 23 satélites, fez o sinal chegar a mais de 240 milhões de assinantes, em 212 países. A rede conta hoje com uma base de correspondentes espalhados por 21 escritórios, além de 9 redações nos Estados Unidos. São cerca de 600 emissoras afiliadas, 400 em solo norte-americano e 200 espalhadas pelo planeta. Em 2002, a CNN pontuou a marca de 72,5 milhões de telespectadores somente nos Estados Unidos, e estima-se que cerca de um bilhão de pessoas ao redor do mundo assistam a seus programas. Mas os números da audiência internacional são incontáveis porque, além dos assinantes, o público também assiste às reportagens da CNN nos telejornais dos vários países que reutilizam o material da rede norte-americana. Dessa forma, o mundo inteiro vê o que acontece no mundo pela CNN. Ou o que ela quer mostrar.

OS NÚMEROS DA MAIOR INDÚSTRIA DE NOTÍCIAS PARA TV[10]

> **CNN — CABLE NEWS NETWORK**
> Sede: 1 CNN Center, Atlanta, Geórgia
> 9 redações nos Estados Unidos
> 21 escritórios com correspondentes, 8.000 empregados
> 15 redes de televisão por cabo e por satélite
> 2 redes de rádio e 12 *websites*
> 23 satélites distribuem a programação em
> 212 países e 240 milhões de casas
> Cerca de 600 emissoras afiliadas, 400 nos Estados Unidos
> e 200 internacionais
> 72,5 milhões de telespectadores nos Estados Unidos
> 1 bilhão de telespectadores no mundo

OS DESDOBRAMENTOS DO "NEGÓCIO" CNN

O império não parou de crescer e acompanhou o caminho da economia mundial. Atualmente, a CNN integra o grupo AOL Time-Warner, a companhia líder mundial na área de mídia e entretenimento, cujos negócios incluem serviços interativos, sistemas de cabo, entretenimento cinematográfico, redes de televisão, times esportivos, música e publicidade.

> A convergência da tecnologia de telecomunicações e do infortenimento — outro sustentáculo da mundialização — estimula mais um processo globalizante de alianças, associações e fusões que se organizam em torno de um leque de circunstâncias "sinergéticas" e de fatores estruturantes básicos, incluindo a possibilidade de embutir a competência crucial de uma empresa numa rede de corporações, de sistemas e de produtos. Entre os "comunicadores planetários" — que potencializam suas atividades através da propriedade entrelaçada de cinemas, gravadoras, editoras, parques de diversões, TVs abertas e por assinatura, por cabo ou por satélite, rádios, revistas, jornais, serviços *on-line* e vídeos — está a Time-Warner, fusão de dois gigantes do cinema e da mídia.[11]

Os negócios da Time-Warner extrapolam a área de entretenimento. Entre seus acionistas estão a canadense Seagram, uma das maiores corporações mundiais no ramo de bebidas, dona de 15% da Time; a TeleCommunications, Inc. (maior operadora de TV a cabo dos Estados Unidos); e a US West (dona de 25% do seu capital). É a maior proprietária de *copyrights* de textos do mundo; de uma grande variedade de revistas (*Time, Sports Illustrated, Fortune*) e de uma formidável coleção de selos de discos (Warner Music). É potência na indústria cinematográfica e no terreno da multimídia (Warner, Castle Rock Entertainment, New Line Cinema, Home Box Office); dona de um time de beisebol (Atlanta Braves) e de um de basquete (Hawks); de 19% da rede CBS (7 estações de televisão, 21 de radiodifusão, mais de 200 emissoras de TV e 585 de rádio afiliadas), além de possuir 50% da distribuidora de fitas de vídeo CBS/Fox Co. e de ser dona do estúdio de produção Radford Studio Center, Inc. Também estabeleceu alianças com a Toshiba, a Itochu e a US West (para gerenciamento de sistemas a cabo e programação).

REDE DE NEGÓCIOS DA TURNER BROADCASTING SYSTEM, INC.

CANAIS DE NOTÍCIAS (NOS ESTADOS UNIDOS)
- CNN
- CNN Headline News
- CNNfn

ENTRETENIMENTO
- TBS
- TNT
- TCM
- TNT HD
- Turner South
- Atlanta Braves
- PGA.com
- Nascar.com

ANIMAÇÃO
- Cartoon Network
- Boomerang

NOTÍCIAS INTERNACIONAIS
- CNN International
- CNN Español

ENTRETENIMENTO
- TNT Brazil
- TNT Mexico
- TNT Argentina
- TCM UK
- TCM France
- TCM Spain
- TCM Latin America

ANIMAÇÃO
- Cartoon Network: Mexico, Argentina, Brazil, Chile, Venezuela, Latin America, Europe, Taiwan, India, Japan
- Pogo
- Boomerang UK
- Toonami UK

Atualmente, a CNN se tornou apenas um dos tentáculos do maior grupo de mídia e entretenimento do mundo, incluindo a produção de filmes, serviços interativos, redes de televisão, sistemas a cabo e publicações que em 2004 empregava aproximadamente 80 mil pessoas. Desse grupo fazem parte as maiores grifes do ramo: America Online, Time, Inc., Time-Warner Cable, Home Box Office, New Line Cinema, Turner Broadcasting System e Warner Bros. O objetivo do grupo é manter o público do mundo inteiro informado, entretido e conectado nele. E consegue isso com atrações que vão desde os episódios do seriado *Gilmore girls*, produzidos pela Warner, até os episódios de guerra, produzidos pelos Estados Unidos e transmitidos pela CNN.

A megaempresa Time-Warner opera em mais de setenta países e, já se preparando para ter fortíssima presença no mercado cinematográfico e de televisão a cabo, fundiu-se com a rede de televisão Turner Broadcasting System, dona da Cable News Network (CNN). A megaempresa completou seu domínio mundial na fusão com a American Online (AOL), o maior provedor de internet dos Estados Unidos. Com isso, a AOL Time-Warner se tormnou a maior empresa da área de mídia e entretenimento do mundo.[12]

GRUPO AOL TIME WARNER

MÍDIA E COMUNICAÇÃO
- America Online
- AOL Time Warner Book Group

- AOL Time Warner Interactive Video
- Time, Inc.
- Time-Warner Cable

ENTRETENIMENTO E REDES
- HBO — Home Box Office
- New Line Cinema
- Turner Broadcasting System
- Warner Bros. Entertainment
- Warner Music Group

TURNER BROADCASTING SYSTEM, INC.
- TBS Superstation, TNT, Cartoon Network, Turner Classic Movies, Turner South, CNN/U.S., CNN Headline News, CNNfn, CNN/SI, CNNRadio e Boomerang

ESPORTES
- Os times Atlanta Braves, Atlanta Hawks, Atlanta Thrashers e o Goodwill Games

JOINT VENTURES
- Cartoon Network Japan
- Court TV (TWE-owned)
- CETV
- Microsoft — ContentGuard, Inc.
- NBCTurner NASCAR Races
- Viva+
- CNN+
- CNN Turk
- n-tv

PARTICIPAÇÕES
- TBS Superstation
- Turner Network Television

- Cartoon Network
- Turner Classic Movies
- Turner South
- Boomerang
- TCM Europe
- Cartoon Network Europe
- TNT Latin America
- Cartoon Network Latin America
- TCM & Cartoon Newtwork Asia Pacific
- Atlanta Braves
- Atlanta Hawks
- Atlanta Thrashers
- Philips Arena
- Turner Field
- CNN/U.S.
- CNN Headline News
- CNN International
- CNNfn
- CNN en Español
- CNN Aiprort Network
- CNNRadio
- CNNRadio Noticias
- CNN Newsource
- CNN.com
- CNNMoney.com
- CNN Student News
- CNNSI.com
- CNN.com.br (português)
- CNN.com Europe (inglês)
- CNN.de (alemão)
- CNNenEspañol.com (espanhol)
- CNNItalia.it (italiano)
- CNN.com Asia (inglês)
- CNNArabic.com

A CNN alavancou outros negócios do grupo que, por sua vez, dão força ao canal de notícias. Em 2001, as notícias apresentadas no site da CNN apareceram em segundo lugar na lista dos assuntos mais procurados pelos internautas em todo o mundo.[13]

QUEM ASSISTE À CNN?

A CNN "vende" para o mercado publicitário as seguintes características:

> CNN — PERFIL DO PÚBLICO
>
> 61% de todos os telespectadores da CNN são adultos entre 25 e 54 anos
>
> 40% têm renda familiar acima de US$ 60 mil
>
> O número de pessoas com nível superior ou pós-graduação é 29% maior que qualquer outro público de outros canais a cabo
>
> O público da CNN nos Estados Unidos lê *Forbes, USA Today, The Wall Street Journal, Money, Fortune, Newsweek* e *Golf* Magazine
>
> *Fonte: Mediamark Research, Inc. Doublebase 1999.*

É importante lembrar que a CNN não atinge somente o público que assina os canais pagos. Todas as redes de TV brasileiras têm contrato de recepção e autorização para utilização das imagens em seus telejornais. Daí uma abrangência total da CNN em todo o território nacional, por meio de imagens reutilizadas pelas emissoras brasileiras, e na íntegra, por intermédio dos canais por assinatura.

A comunicação é global, como ocorre com as reportagens da CNN, mas os destinatários negociam localmente o significado simbólico das mensagens.[14] Esses acordos para fornecimento de imagens e reportagens fazem o produto televisivo passar por uma mundialização do consumo e por uma globalização estratégica, mas o produto ainda é diferenciado. René Dreifuss classifica-o como "local" ou "regionalizado".[15] Um exemplo são os telejornais das emissoras abertas cobertos por imagens internacionais fornecidas pela CNN.

Vários exemplos multiplicam a audiência das reportagens da rede de notícias, que passa a ser fonte de informações. E isso pode ser verificado em diversos meios, não somente na televisão e nos telejornais: "Achada ogiva com traços de agente químico, diz *CNN*". "Dois testes preliminares indicaram a presença de traços de um gás de nervos numa ogiva [...] informou ontem a TV americana *CNN*." "Segundo fontes militares dos EUA citadas pela *CNN* [...]", estampa o jornal *O Estado de S. Paulo*,[16] mas o exemplo pode ser encontrado regularmente até em jornais de bairro ou ouvido em rádios comunitárias. O conhecido recurso das redações, batizado de *gillete press*, utilizado por muitas rádios que lêem na íntegra os artigos dos jornais, agora tem mais uma fonte: a CNN "diz" e "informa" de leitores a ouvintes de rádio, provenientes de países, estados ou bairros longínquos.

A penetração da CNN não pára na televisão. Ela investiu também no segmento *online*, com informações enviadas diretamente ao antigos usuários de *pagers* da Paging Network, nos Estados Unidos.[17] Com isso, a divulgação de suas informações foi aumentada pela audiência móvel.

O CONTRA-ATAQUE DAS FUSÕES

O gigantismo da AOL Time-Warner assusta, mas não intimida a concorrência, que paga com a mesma moeda de fusões nessa luta pelo domínio mundial. Do outro lado do ringue está mais uma gigante, a Walt Disney Corporation, outra megaindústria do cinema (Walt Disney Studios, Touchstone Pictures, Hollywood Pictures, Miramax Films, Buena Vista Distribution, Buena Vista International, Disney Theatrical Productions), da música (Hollywood Records, Walt Disney Records), de centros de lazer, de parques e produtos temáticos (400 lojas Disney Store, Disney Development Company, Disney Interactive, Walt Disney Imagineering). A tradicional indústria de revistas e publicações Disney não parou no segmento infanto-juvenil. O grupo também está associado a um time de beisebol, à Disney Channel (cabo) e a outras TVs a cabo e abertas que transmitem para a Ásia e a Inglaterra, além de possuir uma *joint venture* com uma emissora alemã, o grupo Capital Cities/ABC Inc. (21 estações de rádio próprias e programação oferecida a outras 3.400 emissoras nos Estados Unidos), a ABC Television (10 canais e 224 afiliadas) e outras dezenas de tentáculos em diversos empreendimentos.

Uma parte importante do grupo Disney é a News Corp., do australiano Rupert Murdoch, que controla de forma explícita 37% do mercado audiovisual no Reino Unido, estimulado pela política privatista do governo conservador de Margareth Thatcher, quando atuou como primeira-ministra do país. Murdoch é proprietário de mais de 120 jornais na Austrália, Oceania e no Extremo Oriente; possui também *The Times*, *The Sunday Times*, *Today*, *The Sun* e *News of the World*, na Inglaterra; *The New York Post*, nos Estados Unidos, além de controlar estúdios cinematográficos (Twentieth Century-Fox), canais de TV (Fox International Network) e a British Sky Broadcasting (aliada da Reuters Holding). Seu braço no Brasil se estende por meio da MCI (distribuição de serviços de telefonia, área de multimídia e *online*) e das Organizações Globo, no serviço de distribuição de canais de televisão em Banda KU, sistema DTH (*direct to home*).[18]

A COMUNICAÇÃO NA/PARA A GUERRA

"A guerra é um assunto sério demais para ser deixado nas mãos dos militares." A frase é atribuída a Winston Churchill, primeiro-ministro inglês à época da Segunda Guerra Mundial. Ele teve um importante papel como estrategista para os aliados. Talvez seja esse princípio que acabou conduzindo as guerras para as mãos da imprensa, mais precisamente para as mãos da CNN.

Antes da Guerra do Golfo, em 1991, na disputa entre os canais a cabo, os maiores índices de audiência da CNN foram de 7,4% em 1987, com a cobertura da doença da menina Jessica McClure, no Texas. Depois, os eventos que repercutiram as maiores audiências foram a queda em Dallas do avião da Delta Airlines, em 1985, e o bombardeio da Líbia pela Força Aérea Americana, em 1984 (7%). No início da Guerra do Golfo, em 16 de janeiro de 1991, a CNN foi assistida em cerca de 50% de todas as casas com TV a cabo. Naquela época, 61% das residências dos Estados Unidos já dispunham de cabo.[19] Com isso, a CNN se posicionou como a organização de telejornalismo do futuro.

O fenômeno da cobertura que a CNN fez da Guerra do Golfo, em 1991, não foi nada mais que o enaltecimento, naquele momento, de um poder informativo preexistente,[20] apenas potencializado pelo progresso técnico das comunicações.[21] Já na Guerra do Iraque, em 2003, a CNN tinha concorrentes que demarcaram um nacionalismo ainda não experimentado pelos canais de notícias 24 horas. Nessa guerra, CNN, Fox News e BBC tiveram comportamentos diferenciados em função da natureza institucional de cada uma delas, e dos compromissos empresariais e políticos assumidos. A reportagem divulgada pelo site UOL registrou o fato que certamente entrou para a história da ética no jornalismo:

Canais de TV dos EUA difundem patriotismo e parcialidade
da France Presse, em Nova York

Com jornalistas que dizem "nós" em referência ao avanço das tropas americanas no Iraque, as redes de televisão dos Estados Unidos tomam partido abertamente, mesmo sob o risco de tornar sua cobertura parcial, e apregoam seu patriotismo.

O canal a cabo especializado em notícia MSNBC, filial da NBC e Microsoft, difunde regularmente uma cena com soldados americanos ao entardecer, com helicópteros em vôo e bandeiras estreladas tremulando ao vento sob a frase "Nossos corações estão com vocês"[sic].

O canal CNBC prefere a frase "Desejamos que nossas tropas retornem sãs e salvas para casa". Apresentadores e repórteres da conservadora rede de TV a cabo Fox News manifestam abertamente seu apoio às tropas e à causa americana. Nas quatro grandes redes de TV que concentram a maior parte dos telespectadores dos Estados Unidos, as imagens de civis ou feridos iraquianos são raríssimas. Pelo contrário, as reportagens mostram profusamente imagens das tropas americanas em treinamento e nelas os jornalistas aparecem usando uniformes de combate.

"Temos de considerar que somos meios de comunicação americanos cobrindo uma guerra em que os Estados Unidos estão envolvidos", afirmou Alex Jones, diretor do Centro de Imprensa Shorestein da Universidade de Harvard. "Querem demonstrar seu apoio aos objetivos dos Estados Unidos e estão prontos para pagar por isso o preço jornalístico da perda de credibilidade", afirmou. Para Geneva Overholser, professora da escola de jornalismo da Universidade de Missouri, os meios de comunicação americanos, principalmente a televisão, ultrapassaram a "linha vermelha" e atacaram "diretamente o coração da credibilidade". Ela afirma que "não estão fazendo jornalismo, estão fazendo propaganda, sem se importar que seja verdadeira ou mentirosa". A professora também não concorda com os que argumentam que a parcialidade da imprensa deve ser interrompida no caso de uma guerra. "Eles acreditam sem dúvida que vão ganhar com isto a simpatia do público, mas estão é violando um princípio jornalístico primordial", afirmou. Overholser diz que "não se deve confundir patriotismo exaltado com dever jornalístico. E esse tipo de jornalismo que está sendo feito aqui, sinceramente me dá asco".

A jornalista Sheryl McCarthy, do jornal nova-iorquino *Newsday,* escreveu em um recente editorial: "Os programas de informação das grandes redes de televisão não se ocupam em cobrir a guerra, se dedicam a fazer promoção. Sua mensagem é que os Estados Unidos têm a força e o poder, e nos preparamos para aplicar em Saddam Hussein uma tremenda surra. E quem se opuser a nossos propósitos é suspeito".[22]

A cobertura das guerras pelas redes de TV já é uma estratégia militar utilizada pelos Estados Unidos, orquestrada pelo Pentágono, que tem a imprensa à sua disposição, inclusive ao lado das tropas.[23] Mas a lição de patriotismo dada pelas emissoras norte-americanas para aumentar o apoio à guerra durante o conflito no Iraque foi entendida e repassada ao povo muçulmano pelas TVs árabes. A Al-Jazeera também se mostrou pronta a insuflar o antiamericanismo entre os 45 milhões de espectadores muçulmanos. Seria ingênuo pensar que as TVs árabes não usariam as mesmas armas de comunicação de massa para defender o seu povo do massacre televisivo norte-americano.[24]

É utópico pensar que a imprensa venha estimular a paz por meio da "regra de abstenção" proposta por Huntington, ou seja, promover uma campanha para que uma potência como os Estados Unidos se abstenha de intervir em conflitos de outras civilizações.[25] Essa comunicação para a guerra está longe de chegar ao fim.

UMA IMAGEM E DUAS GUERRAS

A cobertura da imprensa sobre as bombas "inteligentes" caindo no Golfo Pérsico, o poder aéreo assombroso e o massacre geral transmitiram uma mensagem inconfundível: não se meta com a atual estrutura mundial de privilégios.[26] Porém, outra guerra se desenrola via satélite e atinge o mundo todo: a das transmissões de TV. "Ao contrário do que aconteceu na primeira Guerra do Golfo, em 1991, o surgimento de emissoras árabes como Al-Jazeera, Adu Dabi e Al Arabyia tirou das redes ocidentais o monopólio das imagens e evidenciou o problema do viés político na cobertura do conflito."[27]

A guerra que se vê na norte-americana CNN é diferente daquela transmitida pela Al-Jazeera. A primeira mostra o avanço dos comboios militares norte-americanos em direção a Bagdá, por meio de correspondentes incrustados nos batalhões, e evita veicular imagens que, segundo o Departamento de Defesa dos Estados Unidos, possam prejudicar a luta pela "libertação do Iraque". A segunda, sediada no Catar, diz que o Iraque sofre uma "invasão", exibe cenas chocantes de civis feridos e de soldados ingleses e norte-americanos mortos, reproduz entrevistas com ocidentais capturados por iraquianos.[28]

A atuação dos correspondentes que seguem batalhões militares é a maior novidade dessa guerra. Eles acompanham a movimentação nos porta-aviões e circulam em meio aos veículos blindados, portando, como os soldados, capacetes, coletes à prova de balas e máscaras de gás para se proteger de possíveis ataques com armas químicas. Dessa forma, cria-se a impressão de que esses correspondentes são super-repórteres, com uma tecnologia maravilhosa à sua disposição, divorciados de influências políticas e quase acima do bem e do mal. [29]

A iniciativa de permitir a presença de jornalistas em meio às tropas foi resultado da crença do governo dos Estados Unidos de que o conflito seria rápido e relativamente limpo. Os repórteres que acompanhavam de perto os soldados teriam, assim, o papel de registrar uma vitória avassaladora, celebrada inclusive pela população iraquiana. Isso explica o fato de até mesmo a TV árabe Al-Jazeera ter conseguido colocar quatro jornalistas entre tropas norte-americanas. Mas a presença desses correspondentes também levanta uma série de dilemas. Os jornalistas norte-americanos, em maior ou menor grau, têm demonstrado um espírito patriótico que não combina com o exercício profissional imparcial. A qualidade da informação transmitida por esses jornalistas também é prejudicada pela censura. Os militares exercem controle sobre o que pode ou não ser divulgado. O Secretário de Defesa dos Estados Unidos, Donald Rumsfeld, reconheceu que os jornalistas só podem mostrar "fatias" da ação no campo de batalha.[30]

Uma síntese do papel da mídia nesse contexto de globalização, no qual as guerras se tornam atrações do processo, está em trecho da entrevista de Octávio Ianni, transcrita a seguir:

> **Pergunta:** A mídia tem o poder de ajudar ou atrapalhar a solução dos conflitos entre as civilizações?
>
> **Octávio Ianni:** A mídia, em tese, é uma atividade essencial na vida da sociedade. Porque tudo é comunicação, nós estamos em comunicação. Então, se nós temos um código comum, nós podemos nos entender, se temos um compromisso com algo que significa uma boa informação, me-

lhor ainda etc. O que ocorre é que a mídia está ligada, em geral, à organização, e eu repito, *nenhum órgão de comunicação dos grandes é inocente; todos eles têm uma política cultural, um compromisso com o poder.* [...] Então, veja bem, eu coloco o seguinte: a mídia é um meio de comunicação excepcional, indispensável, mas é fundamental que seja democratizado esse meio, no sentido de que ele seja aberto; abrindo possibilidades para as diferentes correntes, e mais, para que ele informe realmente o que está acontecendo no país, na América Latina, no mundo. Agora, é importante reconhecer que o poder legislativo, a sociedade e o processo de democratização cuidem com mais atenção da grande importância que a mídia tem na formação da opinião pública, na informação dos cidadãos e na preparação da sociedade para compreender-se, para desenvolver-se.[31]

Os bastidores do controle das informações da guerra revelam o domínio de recursos tecnológicos essenciais para o fluxo de informações. A Guerra do Golfo em 1991 utilizou nada menos que 118 estações terrestres móveis para comunicação via satélite, suplementadas por 12 terminais comerciais de satélites, usando cerca de 81 chaves que proporcionavam a utilização de 329 circuitos de voz e 30 circuitos de mensagens.[32] Mas o controle das informações não pára somente nos recursos instalados pelos Estados Unidos.

Em 20 de outubro de 2001, a organização não-governamental Repórteres Sem Fronteiras divulgou nota acusando o Pentágono de fazer um acordo com a empresa Space Imaging, que administra o satélite Ikonos, para censurar imagens via satélite do Afeganistão, proibindo a empresa de fornecer sinal para outros interessados. O objetivo era barrar as declarações do suposto terrorista Osama Bin Laden, bem como impedir que a imprensa questionasse os dados sobre o número de civis mortos naquele país. No dia seguinte à publicação da nota, o Secretário de Defesa dos Estados Unidos foi claro com todos os chefes de jornais e emissoras de TV norte-americanos, numa reunião realizada no

Pentágono, ao afirmar que dali para a frente a mídia trabalharia sob censura nos casos que envolvessem guerras e atentados. A mídia norte-americana calou-se e esse acordo de cavalheiros não teve nenhuma repercussão. Limitou-se o acesso de jornalistas aos porta-aviões e aos *fronts* de batalha, o que diminuiu consideravelmente o *show* espetacular visto na transmissão da guerra de 1991.[33]

AS RELAÇÕES COM O PODER

Os jornais de um país são importantes como símbolos de sua identidade e carregam de maneira implícita a bandeira da nação. *Le Monde, The Times, The New York Times, The Guardian, Asahi Shimbum, Le Figaro* e todos os demais periódicos escritos em alfabetos e caracteres menos comuns podem ser vistos em bancas de jornais e pontos turísticos de grande movimento. Expostos, formam uma espécie de Nações Unidas Tipográficas. Apesar de a televisão estar menos sujeita a essa identificação visual mais precisa sobre o país de origem, por causa do desenvolvimento tecnológico que deixa todas as emissoras com a mesma plástica visual e cenográfica, a CNN pode ser identificada como porta-bandeira norte-americana.

A própria CNN admite que sua cobertura das guerras é uma boa propaganda para os Estados Unidos. "A cobertura ao vivo também permite tanto à administração quanto aos militares americanos o acesso a uma audiência mundial, e muitas reportagens mostram a tecnologia americana e os mísseis sofisticados."[34] A rede de notícias já deu demonstrações, no vídeo, de que está sempre pronta para colaborar com o governo dos Estados Unidos quando este solicita apoio para neutralizar o efeito das imagens das emissoras árabes. No caso da divulgação das imagens de prisioneiros norte-americanos pela Al-Jazeera, o governo dos Estados Unidos solicitou que as TVs do país não as exibissem. A CNN já as havia mostrado, mas atendeu ao pedido e deixou de exibi-las.

ADMINISTRANDO O NEGÓCIO DA NOTÍCIA

O "negócio" canal de notícias tem seu filão garantido nas grandes cidades. As minorias serão atendidas pelos canais a cabo que estão se multiplicando para atender os imigrantes, legais e ilegais, que se alojam nas metrópoles. A mudança essencial é na mente de quem produz o conteúdo para as massas, porque o circuito eletrônico será uma extensão do sistema nervoso central. As casas na aldeia global já são mais eficientes e automatizadas, pois já há a possibilidade de enviar e receber mensagens pelo cabo da TV. Curiosidades familiares também mudam os hábitos dos casados, pois mais divórcios ocorrerão por conta do tempo maior de convivência entre casais que trabalham em casa. Com essa facilidade de *home office*, as corporações podem atuar de forma regional e global.[35]

Quando o jornalismo se adapta às exigências de mercado, não é difícil encontrar exemplos de uniformidade da linguagem atendendo ao mercado globalizado.[36] "Se a economia atravessou as fronteiras das nações, foi através de fortes estruturas de informação que os grandes mercados levaram não só o pensamento econômico, mas também as ações contemporâneas que solidificaram o processo de globalização."[37] Entre essas ações estão as mensagens formatadas para informar o público local, regional e mundial sobre assuntos que vão da economia ao lazer, da ciência ao esporte, das artes à geopolítica.

De uma estrutura empresarial bem-sucedida, tanto no segmento industrial como no segmento das comunicações, pode-se esperar o lançamento de empreendimentos similares. Outras corporações jornalísticas, nos Estados Unidos e no mundo, espelharam-se na fórmula de emissora *all news* lançada pela CNN. O risco foi calculado pela experiência pioneira, o que estimula uma cópia fiel que garanta resultados sem a necessidade de investir em fórmulas inéditas. O surgimento da Globo News no Brasil, abrigada sob o guarda-chuva da maior rede de comunicação do país, as Organizações Globo, demonstra que o caminho aberto pela CNN teve seguidores de peso.

Nesse aspecto, formatos e estratégias de programação foram desenhados à sombra da pioneira, deixando poucas dúvidas quanto à origem de alguns programas apresentados pelos canais de notícias. A análise da grade de programação 24 horas não deixa dúvidas quanto ao estilo de produção e apresentação das notícias. No canal brasileiro Globo News, por exemplo, a informação e o entretenimento andam juntos, porém com um olho no quintal do vizinho. A CNN continua sendo uma das maiores fornecedoras de imagens e assuntos internacionais para a televisão brasileira, seja ela por assinatura ou aberta.

Ao mesmo tempo que a CNN é temida pelos concorrentes, não deixa de ser respeitada e aceita como parceira nos casos de maior repercussão nos Estados Unidos. Ela fez parte do consórcio de grandes veículos de imprensa norte-americanos que encomendou a um grupo de estatísticos da Universidade de Chicago a recontagem dos votos na Flórida, durante as eleições presidenciais que elegeram George W. Bush para o seu primeiro mandato. O trabalho de recontagem foi feito, porém nenhum órgão de imprensa divulgou o resultado, alegando que o momento não era propício para polêmicas, por causa dos atentados terroristas de 11 de setembro.

Nesse caso, a CNN e seus parceiros fizeram um pacto para não desestabilizar a imagem do presidente Bush, visto que houve realmente um resultado duvidoso nas eleições presidenciais, e que o democrata Al Gore teria a vitória caso houvesse a recontagem dos votos em todo o estado da Flórida. Não é difícil acreditar que grandes redes norte-americanas, como a CBS, têm poder suficiente para armar e encobrir esquemas com políticos e instituições. Mas a eleição do presidente George W. Bush passa por suspeitas que vão desde a máfia das notícias[38] até o cartel da indústria do petróleo do Texas. E, mesmo assim, temas de tamanha importância como esses não ganham o mesmo espaço nos telejornais que uma guerra teria.

A CHEGADA DA CONCORRÊNCIA

A inglesa BBC incomodou-se como avanço da CNN e montou uma rede mundial de notícias para concorrer diretamente com o canal norte-americano nesse segmento *all news*. Em 1991, a BBC já transmitia para a Ásia, África e Europa, e ampliou rapidamente as transmissões para os Estados Unidos, Oriente Médio, Austrália e América Latina. Para aumentar seu poder de cobertura, a BBC World Service Television, a TV *all news* da BBC, associou-se à Reuters Television, distribuidora de imagens, e à Telemundo, garantindo um público estimado em 500 milhões de telespectadores. O exemplo de canal *all news* inglês é diferente da CNN. Leal Filho explica que "desde a forma de concessões até o controle da qualidade dos programas, há mecanismos do Estado atuando".[39] Isso vale tanto para a BBC, responsável pelo serviço público, quanto para a ITV, televisão privada controlada pela ITC — Independent Television Commission.

O primeiro canal brasileiro de notícias 24 horas a entrar no ar foi o Globo News, no dia 15 de outubro de 1996, aproveitando grande parte da estrutura da Rede Globo, inclusive retransmitindo o principal telejornal da rede, o *Jornal nacional*. O uso de material gerado pelas agências de notícias faz o noticiário internacional ganhar fôlego. Desde o início "inspirada na CNN quando foi criada, a Globo News já mostrava um jeito brasileiro de fazer jornalismo, e começava a marcar presença no leque das TVs por assinatura".[40] Esse "jeito brasileiro" da Globo News reafirma e reproduz a origem do telejornalismo brasileiro: uma cópia o mais fiel possível do jornalismo norte-americano, e uma relação de dependência das agências de notícias — e agora também da CNN.

Alice Maria, diretora de jornalismo da Globo News, declarou em janeiro de 1997 que a experiência de fazer uma TV *all news* era nova e que estava, ao mesmo tempo, aprendendo a fazer uma TV exclusivamente jornalística. O aproveitamento da estrutura do grupo é inevitável. "Enquanto se utiliza a estrutura da Rede Globo na cobertura nacional, para o noticiário internacional a Globo News contrata os serviços da CNN e da agência de notícias Reuters."[41]

Mesmo estando ao lado do fato, a Globo News ainda perde terreno para as coberturas realizadas pela CNN. Em 1997, a Globo News considerou uma proeza a reportagem que realizou sobre a invasão da embaixada japonesa em Lima, que estava em poder do grupo guerrilheiro Tupac Amaru, pela polícia peruana. A emissora brasileira, vizinha de onde ocorria o fato, conseguiu entrar ao vivo "três minutos depois da CNN", afirmou a supervisora de jornalismo Vera Íris Paternostro. Até quando se perde para a rede norte-americana, dependendo das condições da perda, provoca orgulho em outras emissoras *all news* no Brasil e no mundo.

No mercado brasileiro, a Globo News se tornou rainha de um olho só até a chegada da Band News, em 2000. O formato da programação da Band News apresenta um interminável telejornal, que repete as mesmas notícias intercaladas por novas reportagens, à medida que saem do forno. Esta é a receita:

> É uma espécie de jornal em cascata: um espelho é feito para o jornal das sete da manhã, e ao logo do dia ele se transforma, com a inclusão de novas reportagens e a atualização dos assuntos do Brasil e do mundo. [...] Algumas reportagens são reapresentadas propositadamente em todos os jornais. É assim que funcionam as TVs *all news* (*sic*) em todo o mundo.[42]

É esta a fórmula que a Globo News, a Band News e todos os canais de notícias de outros países copiam com fidelidade. Em

2005, a Rede Record divulgou sua intenção de lançar seu canal *all news*. O tempo dirá se a receita será mudada.

A chegada dos canais brasileiros com notícias 24 horas é vista, por um lado, com otimismo, e por outro, com realismo:

> Alguma coisa, porém, mudou no panorama do telejornalismo brasileiro nos últimos anos. A televisão por assinatura avançou bastante, criando canais exclusivos de notícia. [...] Passou-se inclusive a observar mais freqüentemente a incidência de notícias calcadas no critério do valor jornalístico, e não somente no impacto das mensagens, próprio do estilo do telejornalismo como espetáculo. Mas quem tem acesso a esses canais? Somente uma pequena parcela da população, porque a grande maioria se liga mesmo nas chamadas TVs abertas.[43]

Obviamente, a parcela do público que pode pagar uma TV por assinatura não depende exclusivamente da televisão para se informar. Além disso, recebe da mesma operadora inúmeros outros canais com material informativo, como documentários, entrevistas e outras produções de emissoras internacionais cujos programas são traduzidos para o português.

AL-JAZEERA: NOTÍCIAS COM PURO SANGUE ÁRABE

A CNN sofreu um abalo no seu reinado de cobertura das guerras a partir da invasão do Afeganistão, em 2001. O ataque inesperado veio do Catar, e o inimigo até então desconhecido apareceu com o nome de Al-Jazeera, emissora de TV que logo se tornaria porta-voz do mundo árabe. A Al-Jazeera foi fundada em 1997 pelo emir Hamad bin Khalifa al Thani, um novo tipo de líder muçulmano, mais moderno, que desponta no deserto árabe. Os primeiros furos jornalísticos da Al-Jazeera que demarcaram o espaço do novo canal de notícias foram os depoimentos de Bin Laden, que colocaram o suposto terrorista na mídia mundial, mesmo com a censura cerrada dos Estados Unidos.

O combate do governo norte-americano à rede de notícias do Catar foi feroz, plantando notícias, por intermédio das agências internacionais, nas quais sugeria que a Al-Jazeera era considerada simpática ao Talibã e a Bin Laden, por isso tinha fontes dentro do movimento que permitiam seu acesso ao líder terrorista. Mas se não é possível combater o inimigo, a CNN foi mais eficiente ao juntar-se ao canal de notícias árabe, num acordo de fornecimento de imagens exclusivas do ataque aéreo norte-americano ao Afeganistão. A Al-Jazeera não escapou dos piratas de imagens durante o conflito, o que acabou ajudando a aumentar sua divulgação. Em 9 de outubro de 2001, enquanto a CNN e a BBC mostravam imagens de pacotes de ajuda sendo lançados dos aviões norte-americanos por pára-quedas e caindo no Afeganistão, a Al-Jazeera mostrava o contrário: o ataque feroz à capital Cabul, com centenas de civis sendo vítimas dos bombardeios.

No dia 6 de novembro de 2001, a Al-Jazeera divulgou mais uma declaração de Bin Laden, na qual o terrorista criticava a ONU. O comunicado não foi exibido na íntegra e foi excluído das principais redes de televisão dos Estados Unidos, apesar de o canal árabe ter oferecido as imagens. Atendendo à recomendação do Pentágono, a CNN exibiu apenas cinco segundos, sem som. A Fox News ilustrou a nota com uma imagem congelada de Bin Laden.

A rede Al-Jazeera foi ganhando a simpatia do público dentro e fora de sua sede, na mesma proporção que cresceram os boicotes à sua atuação. Televisões de todo o mundo reproduziram suas imagens dos conflitos no Afeganistão e da invasão do Iraque em 2003. Porém, ocorrências nada sutis tentaram barrar seu crescimento. Em 2001, um míssil disparado pelos norte-americanos destruiu a sucursal da Al-Jazeera em Cabul, durante a invasão da cidade pela Aliança do Norte. Em 2003, outro míssil dos Estados Unidos teve o mesmo rumo certeiro: a sede da Al-Jazeera em um hotel na capital do Iraque, quando as tropas da coalizão tomavam

Bagdá. Nos Estados Unidos, a equipe da Al-Jazeera foi impedida de entrar na Bolsa de Valores de Nova York, e os repórteres tiveram suas credenciais suspensas por tempo indeterminado, enquanto os norte-americanos invadiam o Iraque.

Al Jazeera tira repórteres do Iraque após morte de jornalistas
20:38 08/04/03 Reuters

DOHA, Catar (Reuters) — A rede de televisão por satélite Al-Jazeera anunciou na terça-feira que está tentando retirar seus repórteres do Iraque após um de seus jornalistas ter sido morto durante um ataque dos Estados Unidos a Bagdá.

"Não posso garantir a segurança de ninguém", disse o editor de notícias da Al-Jazeera Ibrahim Hillal. "Ainda temos quatro repórteres em Bagdá, vamos tirá-los de lá. *Temos um junto com as tropas norte-americanas em Nassaria, queremos tirá-lo de lá.*"

Mais cedo a rede disse que Tarek Ayoub, natural da Jordânia, de 35 anos, morreu no hospital devido aos ferimentos causados pela explosão de uma bomba no escritório da Al-Jazeera no Ministério da Informação.

Outro membro da equipe da rede em Bagdá, Zohair al-Iraqi, foi levemente ferido. Testemunhas disseram que aviões norte-americanos bombardearam alvos perto do ministério.

A Al-Jazeera, uma das redes mais populares do mundo árabe, tem sido criticada por autoridades anglo-americanas por mostrar imagens de soldados aliados mortos ou prisioneiro de guerra.

O Comando Central dos EUA no Catar disse que suas forças têm sido alvejadas por fogo inimigo do prédio da Al-Jazeera e atacaram para se proteger. O comando lamentou o ocorrido e disse que suas tropas não colocam jornalistas como alvo.

Hilal disse que, desde o incidente, o correspondente da rede na cidade de Mosul, no norte do Iraque, recebeu uma ordem para deixar o hospital onde estava trabalhando porque a administração temia um ataque.

"Não apenas nossos repórteres em Bagdá, mas todos os outros no Iraque que têm feito seu trabalho. Eles estão em uma armadilha", disse, de acordo com uma tradução do árabe. "Eles não podem sair de lá ou enviar seus pacotes de notícias para nós."

Ele disse que a Al-Jazeera apelou à coalizão anglo-americana para ajudá-la a retirar seus quatro repórteres e cinco pessoas da equipe técnica da capital do Iraque. A rede de televisão Abu Dhabi também fez um pedido similar.

Bolsa de Nova York revoga veto à tevê Al-Jazeera

Os repórteres da Al-Jazeera estavam proibidos de gravar no pregão da bolsa

00:56 1º/05/2003 (Hora de Brasília — 1556 GMT)

NOVA YORK (CNN) — A bolsa de valores de Nova York anunciou nesta quinta-feira ter revogado sua decisão de proibir reportagens da televisão árabe Al-Jazeera em suas dependências, informou um porta-voz da instituição.

A bolsa expulsou os repórteres do canal a cabo durante a guerra no Iraque.

O porta-voz declarou que, na época, havia apenas um "número limitado de vagas" para a atuação de profissionais da imprensa e a procura havia aumentado em meio à guerra.

A decisão, no entanto, foi anunciada depois de Al-Jazeera exibir as imagens dos prisioneiros de guerra norte-americanos capturados pelas forças iraquianas.

As autoridades da bolsa admitiram posteriormente que a cobertura noticiosa de Al-Jazeera havia influído na decisão.

Nesta quinta-feira, o porta-voz disse que, com o fim da guerra no Iraque, a bolsa estava recebendo menos solicitações para autorizar o trabalho de jornalistas no piso do pregão e, portanto, agora seria mais fácil acomodar Al-Jazeera. Os repórteres da emissora poderão voltar à bolsa na próxima segunda-feira, de acordo com o anúncio.[44]

Essas ações terroristas contra a emissora Al-Jazeera, ironicamente acusada pelo governo dos Estados Unidos de divulgar o terrorismo, envolve uma disputa de gigantes, que andam de mãos dadas. Muitas emissoras *all news* fizeram acordo com a rede do Catar para utilização de imagens e reportagens exclusivas, reconhecendo o crescimento e a importância da Al-Jazeera no mundo árabe.

OS PRÓS E CONTRAS DA PIONEIRA:
O CONFRONTO DAS TÉCNICAS E DA IDEOLOGIA

Desde que a CNN iniciou suas transmissões em 1º de junho de 1980, da sua sede em Atlanta, no estado da Georgia,[45] ela é apresentada como uma necessidade para uns e um mal necessário para outros.[46]

> [...] a rede veicula dados vitais para a sobrevivência do establishment, mas, por outro lado, fundamentais para o início e a consolidação do processo de pluralização da informação. Todavia, a rede tem sido criticada por oferecer uma forte e centralizadora "visão norte-americana" nos seus inúmeros noticiários diários.[47]

Pelas imagens da CNN viu-se desde o fuzilamento do casal Nicolau e Elena Ceaucescu, da Romênia, até a derrubada do Muro de Berlim.

A visão do "pai" do negócio é diferente. "A CNN é um vírus benigno no mundo de hoje."[48] Não são todos que concordam com o avanço tecnológico alcançado por Ted Turner com a sua CNN. Tom Rosenstiel, para defender que a revolução no jornalismo promovido pela CNN "é uma má notícia", cita uma frase de Turner para levantar sua dúvida: "Nas outras redes você não vê um repórter dizer para a câmera: 'Bem, nós só estamos aqui por perto esperando alguma coisa acontecer'. Na CNN você vê isso". Rosenstiel complementa: "Agora, por bem ou por mal, você verá isso em outras redes também. Isso é progresso?"[49]

O uso exemplar da tecnologia para a difusão de informações dá à CNN um padrão mundial de qualidade a ser seguido. Nesse aspecto, deve-se identificar claramente o que é informação e o que é tecnologia:

> A informação é o conjunto de formas, condições e atuações para fazer públicos — contínua ou periodicamente — os elementos do saber, de fatos, de acontecimentos, de especulações, ações e projetos, tudo isso mediante uma técnica especial feita com este fim e utilizando os meios de transmissão ou comunicação social. Esta técnica especial pode ser a técnica jornalística, que necessariamente utiliza instrumentos próprios para que a informação — conseguida e formada por esta técnica — se faça pública. O conjunto destes instrumentos é o que chamamos Tecnologia da Informação.[50]

A CNN se utiliza de maneira exemplar dessas facilidades tecnológicas para agilizar a produção de notícias. Um editor de imagem experiente pode, em uma hora, transformar uma pequena sala numa ilha de edição que sirva de base para toda a operação. Com um rearranjo de cortinas e móveis, um quarto de hotel também pode servir de estúdio, com o uso da câmera da equipe. Uma antena parabólica e um transmissor para comunicações via satélite completam os recursos de um estúdio móvel.[51]

Custa em média US$ 150 mil anuais manter um correspondente em uma capital estrangeira. Além dos salários e gastos com transporte, aparece uma enorme conta dos custos de telefone e transmissão de imagens, sem contar a captação que pode ser feita por um cinegrafista contratado no local. Para a maioria das emissoras, manter um correspondente significa um luxo impossível. O que torna isso viável é a possibilidade de venda desse material informativo, repassando seus custos a outras emissoras, logicamente às não concorrentes. Num país como o Brasil, em que apenas cinco redes cobrem todo o território, a venda desse material jornalístico torna-se inviável. Resta o mercado externo. Mas quem se interessa em receber notícias do mundo coberto por uma emissora brasileira? Qual a capacidade de cobertura de uma

TV brasileira comparada com a da CNN? Você, leitor, escolheria que cobertura sobre a guerra: a da CNN ou a da Globo News? Impossível responder, porque não há escolha nesse caso. As imagens dos conflitos exibidos pela Globo News, inclusive das guerras, são da CNN. Algumas coberturas, quando muito, recebem as informações do locutor brasileiro.

Há uma conquista nessa cobertura televisiva dos grandes conflitos mundiais que se deve ao pioneirismo da CNN: jornalistas sediados em meio aos batalhões de soldados, imagens dos combates do ponto de vista de quem atira e de quem se defende, a tensão dos combatentes e comandantes e os resultados, mesmo que parciais, das vítimas civis, são reportagens que colocam o público dentro do campo de guerra. A Abu Dabi TV, dos Emirados Árabes, tornou-se mundialmente famosa graças a imagens exclusivas dos bombardeios à capital iraquiana. As redes árabes foram ainda mais realistas, exibindo cenas fortes de vítimas de bombardeios, inclusive das tropas aliadas aos Estados Unidos.

Além da censura imposta pelo exército durante a guerra, o bom senso jornalístico também é outro método eficaz para encobrir a realidade sob outra bandeira, a do perigo eminente sofrido pelas equipes de reportagem. O que pode e o que não deve ser mostrado passa pelo crivo de quem ouve a informação diretamente da fonte, em primeira mão, e avalia se a divulgação do fato não vai demarcar a última notícia transmitida em vida. Eason Jordan, executivo-chefe de notícias da CNN, declarou que teve de encobrir informações recebidas de políticos iraquianos e do filho de Saddam Hussein para proteger os tradutores de torturas e a sua equipe de represálias. Essa manutenção dos repórteres em território conflagrado é negociada diretamente entre a CNN e o governo de cada país.[52] Nesse aspecto, entram os interesses tanto da rede em transmitir os fatos quanto dos países e corporações em utilizar a mídia global para divulgação de seus ideais políticos e comerciais.

Os problemas gerados pela divulgação de notícias com alcance planetário já foram amplamente discutidos e previstos na

Nova Ordem Internacional da Comunicação, quando publicada em 1978 pela Unesco. O que se viu depois disso é que não há como impedir o fluxo de informações e o aproveitamento local das notícias. Por isso, o aparecimento de outros canais ligados a doutrinas políticas diversas foi um passo importante para o equilíbrio da quantidade de notícias espalhadas pelo mundo. Nesse ponto, a CNN contribuiu para atiçar a concorrência.

O crescimento de outros canais *all news* que seguiram o jeito CNN de mostrar a guerra já foi reconhecido na terra natal da pioneira norte-americana. Por isso, a estratégia de comunicação dos Estados Unidos levou o Secretário de Estado Colin Powell a conceder, em pleno período da Guerra do Iraque, uma entrevista exclusiva à Al-Jazeera, a fim de tentar atingir a audiência árabe que não se convence com as reportagens da CNN. Esse é um exemplo de como as redes *all news* possuem seu público segmentado, assistindo às mesmas notícias, mas com enfoques e fontes diferentes.

O crescimento da concorrência à CNN pode ser medido quando outra TV *all news* deixa de ser pequena e passa a ser chamada de "parceira". Foi assim que a rede norte-americana e a Al-Jazeera fecharam um acordo para utilização de imagens e reportagens, trabalhando em *pool* durante a Guerra do Iraque: durante o conflito, o logotipo das duas emissoras podia ser visto tanto no vídeo das televisões norte-americanas quanto nas redes árabes, imitando outros eventos, como jogos de futebol ou *shows*, quando as TVs fazem acordo de transmissão simultânea. Em guerras ou em *shows* pela televisão, o que importa tecnicamente é fazer chegar a imagem ao telespectador. E, nesse ponto, os esforços tecnológicos se juntam para oferecer o melhor à audiência, que pode escolher o seu canal preferido para assistir às mesmas imagens do concorrente, narrado em inglês ou árabe.

A difusão das técnicas e o desenvolvimento tecnológico não passam desapercebidos quando se trata de transmitir uma guerra. A rede CNN apresenta evidências de uma enorme disparidade ao ser comparada com outras redes que transmitem o conflito.

Não é somente em número de correspondentes que a emissora norte-americana ganha disparado. O *kit* básico do correspondente de guerra inclui, para cada repórter, dois videofones com câmeras que gravam no escuro, microfones, telefones de satélite e monitor/receptor de vídeo. Um verdadeiro estúdio é montado num jipe blindado, idêntico aos utilizados pelos militares, contendo ilha de edição e antenas para a transmissão ao vivo por canais de satélite exclusivos, que enviam os sinais para os estúdios em Atlanta. Esses aparatos de áudio e vídeo são ferramentas indispensáveis para a informação ga-nhar velocidade e permitir que o planeta escute e veja, pela televisão, a explosão de uma bomba com apenas alguns segundos de retardo.

Não se pode desprezar a importância para o jornalismo e para o público da cobertura de conflitos mundiais:

> O fato de redes de televisão como a CNN terem incomodado os dois lados do conflito durante as guerras nos Bálcãs (Bósnia e Kosovo), pelo menos em algumas ocasiões, mostra que elas não são meramente um instrumento a ser usado por um lado ou pelo outro. Elas têm relativa autonomia, desempenhando praticamente o papel de terceiro protagonista nos confrontos militares. Com isso, a guerra deixa de ser uma exclusividade dos países envolvidos e passa a contar com outros participantes, agentes e protagonistas.[53]

A cobertura que a CNN fez da Guerra do Golfo, em 1991, foi a prova de um poder informativo que só foi concretizado pelo desenvolvimento tecnológico da comunicação. A rede soube, com presteza, saltar na frente de outros conglomerados que já possuíam a mesma tecnologia, mas não dispunham de um aparato preparado para a produção de notícias ao vivo pela TV.

NOTAS

1. Um dos primeiros estudos sobre a teoria dos "porteiros" é de David Manning White: "The gate keeper: a case study in the selection of news", pp. 383-90.

2. Herbert Schiller, "A livre circulação da informação e a dominação mundial", p. 100.

3. Hank Whittemore, *CNN: a história real*, p. 141.

4. Nasa. *Memorandum of understanding between the Department of Atomic Energy of the Government of India and the United States.*

5. Herbert Schiller, entrevista concedida a Lorenzo Vilches e publicada na obra de Denis Moraes, *Globalização, mídia e cultura contemporânea: a dialética das mídias globais*, p. 80.

6. Reese Schonfeld, *Me and Ted against the world: the unauthorized story of the founding of CNN.*

7. Hilary Dunst, "Eyewitness video: smart, plucky amateurs are changing the face of TV news", pp. 48-50.

8. Sebastião Squirra, *O século dourado: a comunicação eletrônica nos EUA.*

9. Murilo César Ramos, "TV por assinatura: a segunda onda de globalização da televisão brasileira", p. 135.

10. Números e estimativas coletados em várias fontes, de 2002 a 2005.

11. Murilo César Ramos, "TV por assinatura: a segunda onda de globalização da televisão brasileira", *op. cit.*, p. 202.

12. *Ibidem.*

13. *Veja*, 19 maio 2002, p. 32.

14. Lorenzo Vilches, "Globalização comunicativa e efeitos culturais", p. 84.

15. René Armand Dreifuss, *A época das perplexidades: mundialização, globalização, planetarização — Novos desafios.*

16. *O Estado de S. Paulo*, 13 abr. 2003, p. A28.

17. *Meio e Mensagem*, 23 abr. 1996.

18. Denis Moraes, *Globalização, mídia e cultura contemporânea: a dialética das mídias globais, op. cit.*, p. 204.

19. Philip S. Cook, *The future of news*, p. 29.

20. Armand Mattelart, *Comunicação-mundo.*

21. Murilo César Ramos, "TV por assinatura: a segunda onda de globalização da televisão brasileira", *op. cit.*, p. 162.

22. www.uol.com.br (26 mar 2003).

23. Perry McCoy Smith, *How CNN fought the war: a view from the inside.*

24. *Veja*, 02 mar. 2003, p. 74.

25. Samuel P. Huntington, "Choque das civilizações?", p. 403.

26. Herbert Schiller, "As corporações multinacionais de mídia e a transição democrática na América Latina".

27. Dominique Wolton, *War game: l'information et la guerre.*

28. Marcelo Marthe, "A outra guerra", *Veja*, 02 mar. 2003, p. 72.

29. Fernando Reyes Matta (org.), *A informação na nova ordem internacional*, p. 67.

30. *Veja*, 02 mar. 2003, p. 73.

31. Entrevista com o sociólogo Octávio Ianni concedida para o programa *Página aberta*, produzido pela TV UMC em co-produção com a União Brasileira de Escritores (UBE), durante a Bienal Internacional do Livro de São Paulo, em maio de 2002, no Pavilhão de Exposições Imigrantes.

32. Alvin Tofler e Heidi Tofler, *Guerra e antiguerra*, p. 99.

33. Carlos Dorneles, *Deus é inocente, a imprensa, não*.

34. Philip S. Cook, *The future of news*, p. 17.

35. Michael Gurevitch, "The globalization of electronic journalism", p. 11.

36. *Ibidem*.

37. Octávio Ianni, *Teorias da globalização*.

38. Bernard Goldberg, "Bias: the news mafia".

39. Laurindo Leal Filho, *A melhor TV do mundo*, p. 35.

40. Vera I. Paternostro, *O texto na TV: manual de telejornalismo*, p. 48.

41. Guilherme Jorge de Rezende, *Telejornalismo no Brasil: um perfil editorial*, p. 138.

42. Vera I. Paternostro, *op. cit.*, p. 44.

43. Guilherme Jorge de Rezende, *op. cit.*, p. 28.

44. www.cnn.com.br (1º maio 2003).

45. CNN Television, *CNN 1980-1990*.

46. Ivor York, *Jornalismo diante das câmeras*, p. 122.

47. Sebastião Squirra, *O século dourado: a comunicação eletrônica nos EUA*, *op. cit.*, p. 126.

48. Ted Turner, "Armas de guerra", p. 9.

49. Tom Rosenstiel, "O mito da CNN", p. 33.

50. Luka Brajnovic, *Tecnología de la información*.

51. Ivor York, *op. cit.*, p. 122.

52. Eason Jordan, "CNN revela o horror que ocultou", p. A31.

53. José William Vesentini, "O papel das informações na guerra do século XXI", p. 94.

Capítulo 4
Vamos à guerra com a CNN

A ESTRATÉGIA DA PROGRAMAÇÃO

Melo aponta duas categorias no jornalismo impresso: o jornalismo opinativo e o jornalismo informativo.[1] Na TV *all news*, o jornalismo desponta com fortes doses de entretenimento, o que reforça a tese do infortenimento (*infortainment*),[2] tendo a informação dentro de um perfil de programa de entretenimento, como os *talk shows* ou as revistas. Esses formatos evitam diminuir a programação a um único formato de telejornal e oferecem outras opções para não cansar a audiência.

Uma pesquisa entre três canais — a alemã Deutsch Welle, a brasileira Globo News e a norte-americana CNN — constatou a repetição das notícias como estratégia dos telejornais dos canais de notícias 24 horas. Durante o dia, várias edições apresentam as mesmas notícias, com o acréscimo de uma ou duas novas reportagens por edição. Os canais 24 horas de notícias são, na verdade, 24 horas das mesmas notícias, com poucas modificações.[3]

A definição das programações segmentadas obedece a estratégias globalizantes dos núcleos programadores. O telejornalismo *all news* da CNN é um dos padrões exportados — a Globo News e a CNN em espanhol o atestam.[4]

A AMOSTRA DA PESQUISA

AS REPORTAGENS E AS MANCHETES DURANTE A GUERRA DO IRAQUE

"A narrativa é uma grande frase, como toda a frase constativa é, de certa maneira, o esboço de uma pequena narrativa."[5] Dentro do quadro da análise geral da narrativa, Roland Barthes coloca a frase como uma delas. Martinet também considera a frase o menor segmento, que é perfeita e integralmente representativo do discurso.[6] Por isso, as frases que sintetizam o assunto das matérias apresentadas pelos *scripts* da CNN passam a ter um valor essencial para a análise do conteúdo.

O período pesquisado foi o da guerra declarada pelos Estados Unidos contra o Iraque. O início do ataque foi anunciado oficialmente no dia 20 de março de 2003, pelo presidente George W. Bush, que também fez o pronunciamento sobre o término das operações militares, após 43 dias, em 1º de maio de 2003. A amostra buscou o primeiro e o último dia do conflito, bem como o dia 10 de abril de 2003, data que estaria no meio do período que durou a guerra. São, portanto, três dias significativos da programação da CNN durante 24 horas que fazem parte da amostra desta pesquisa.

Explica-se essa escolha pelo fato de poder cobrir um conflito de interesse dos Estados Unidos com datas que ficaram marcadas na história como sendo o começo, o meio e o fim da Guerra do Iraque. Outro fator relevante para a escolha foi a possibilidade de acompanhar o mesmo assunto que, doze anos antes, já havia feito da CNN a rede de TV de notícias assistida por todo o mundo, com a mesma repetição de fato (uma guerra), no mesmo local (Oriente Médio), no mesmo território (Iraque) e com a mesma necessidade de recuperar a audiência mundial que estava em decadência por causa da chegada de outros canais de notícias.

A programação da CNN durante os três dias pesquisados foi acompanhada exatamente por se tratar de um período no qual o tema foi predominantemente a guerra, coberto de forma integral pela rede norte-americana e repassado para outras emissoras no mundo todo. A alteração de toda a programação da rede CNN demonstra a importância do evento "guerra" para o canal, que tem suas imagens reproduzidas internacionalmente.

A programação da rede desses três dias da amostra foi gravada durante 24 horas. Também foram obtidos por meio do site da CNN os *scripts* de todos os programas que foram ao ar, incluindo as transcrições das entrevistas e reportagens ao vivo transmitidas da sede em Atlanta, dos centros de produção de Londres e Hong Kong, e do local do conflito, em Bagdá. Os *scripts* e as transcrições formam uma amostra de 770 páginas que refletem 72 horas de programação. As gravações foram feitas através do canal a cabo 50, da operadora Canbras, na cidade de Mogi das Cruzes (SP), no qual a CNN é oferecida no pacote de canais da programadora TVA. Reportagens e programas do canal de notícias Globo News mostrando o primeiro dia da guerra também foram gravados e analisados com o único objetivo de verificar o aproveitamento do material distribuído pela rede de notícias norte-americana. Porém, não houve interesse em traçar nenhuma comparação entre o canal brasileiro Globo News e a CNN, cujo material é reaproveitado por emissoras de televisão do mundo todo.

Todos os programas da CNN foram assistidos e cada reportagem ou entrevista apresentada foi classificada pelo canal de notícias com uma "manchete" que sintetiza a matéria, tendo ficado disponível no site da rede durante uma semana após o evento. Dessas manchetes analisamos vários aspectos. No caso da CNN, há uma sintaxe de informação e uma semiologia contextual que pedem uma pesquisa específica. O levantamento de alguns problemas, resultantes de uma observação não quantificada e qualificada, nem rigorosamente analisada em amostras representativas, será apontado nas conclusões.

A grade de programação regular da CNN, fora do período que compreendeu a Guerra do Iraque, apresenta os seguintes programas:

CNN INTERNACIONAL

PROGRAMAS DA GRADE DE PROGRAMAÇÃO EM 2003[7]	
NOTÍCIAS	• CNN Live at Daybreak • CNN Live Today • American Morning • Lou Dobbs Moneyline • CNN Saturday Morning • CNN Saturday • CNN Sunday Morning • CNN Sunday • Newsnight with Aaron Brown • Showdown: Iraq • CNN Presents • Special Events
ENTREVISTAS E DEBATES	• Crossfire • Novak, Hunt & Shields • Larry King Live • Larry King Weekend • CNN Saturday Edition • Late Edition • Reliable Sources • Wolf Blitzer Reports
POLÍTICA	• Inside Politics • The Capital Gang
INTERESSE GERAL	• Next@CNN • People in the News • Your Health • Design 360
NOTÍCIAS INTERNACIONAIS	• Business Traveller • Insight • Diplomatic License • Global Challenges • Inside Africa • International Correspondents • Special Event • Your World Today: Q&A

PROGRAMAS DA GRADE DE PROGRAMAÇÃO EM 2005[8]	
NOTÍCIAS	• CNN Live at Daybreak • American Morning • CNN Live Today • News From CNN • Live From... • Wolf Blitzer Reports • Lou Dobbs Tonight • Anderson Cooper 360 Degrees • Paula Zahn Now • NewsNight with Aaron Brown • CNN Saturday Morning • CNN Saturday • CNN Sunday Morning • CNN Sunday • CNN Presents • Special Events
ENTREVISTAS E DEBATES	• Crossfire • Larry King Live • On the Story • Late Edition • Reliable Sources
POLÍTICA	• Inside Politics • Inside Politics Sunday • The Capital Gang
INTERESSE GERAL	• Dolans Unscripted • House Call with Dr. Sanjay Gupta • Next@CNN • Open House • People in the News • The Turnaround
NOTÍCIAS INTERNACIONAIS	• Business Traveller • Insight • Diplomatic License • Global Challenges • Inside Africa

PROGRAMAS DA GRADE DE PROGRAMAÇÃO EM 2005 (cont.)	
NOTÍCIAS INTERNACIONAIS	• International Correspondents • Special Event
SHOWS	• Nancy Grace • Showbiz Tonight

SINOPSE DOS PROGRAMAS DA CNN DURANTE A GUERRA, EM 2003

American Morning: uma visão geral dos principais acontecimentos selecionados pelas redações da CNN espalhadas pelo mundo. Comentários e reportagens ao vivo.

Asia Tonight: telejornal noturno trazendo uma revisão das notícias da Ásia.

Biz Asia: enfoque nas notícias de economia, empresas e política asiática.

Biz News: notícias e análises enfocando os negócios.

Business Central: enfoca o Mercado Europeu, além das últimas notícias do mundo.

Business International: um giro rápido pelas notícias do mundo e pelos negócios na Ásia e Europa, enfocando sobretudo os negócios de Wall Street.

CNN Business Traveller: o apresentador Richard Quest traz notícias sobre viagens de negócios e produtos para viajantes freqüentes.

Design 360: tudo sobre o mundo da moda, do design industrial e da arquitetura.

Diplomatic License: programa de informação e entretenimento com assuntos e pessoas ligados às Nações Unidas ou que realizam alguma atividade pacifista no mundo. Traz idéias, culturas e convidados que não são vistos normalmente em entrevistas.

Inside Africa: programa semanal que apresenta uma visão global sobre a política, a economia, a sociedade e a cultura africanas.

Insight: programa diário mostrando o trabalho dos jornalistas da CNN na cobertura dos assuntos de maior repercussão.

International Correspondents: jornalistas em todo o mundo procuram fatos para produzir as notícias.

Larry King Live: *talk show* ao vivo com o apresentador que inspirou inúmeros programas idênticos no mundo. A receita é misturar fatos, figuras importantes ou desconhecidas e opinião em entrevistas diárias, no fim da noite.

News Biz Today: enfoque nas manchetes da Ásia, reportagens ao vivo dos mercados de todo o mundo e atualização das principais notícias comerciais.

The Daily Show — Global Edition: programa humorístico semanal com comentários satirizando as notícias. É uma edição de meia hora do programa que vai ao ar diariamente pelo canal a cabo norte-americano Comedy Central. Na CNN, o programa é uma compilação dos melhores esquetes produzidos pelo *The Daily Show with Jon Stewart*, um programa de auditório gravado em Nova York.

The Music Room: programa musical com comentários sobre a música contemporânea do mundo.

World Business Today: notícias e análise do mercado europeu, asiático e norte-americano.

World News Europe: atualização das notícias do mundo sob a perspectiva européia. Inclui reportagens especiais, finanças e resultados esportivos.

World News: é o telejornal âncora de toda a programação. Traz as últimas notícias de esportes, negócios e previsão do tempo em várias cidades do mundo, com reportagens curtas. É um telejornal de 30 minutos, intercalado durante a programação 24 horas, com 41 edições por semana. Cada edição reprisa as principais reportagens já exibidas e transmite outras matérias, que são atualizadas a cada edição.

World Report: um olhar sobre as histórias que são notícias vindas de emissoras de todo o mundo.

World Sport: notícias e comentários de todo o mundo do esporte, incluindo os últimos resultados, perfis e entrevistas.

A PROGRAMAÇÃO DURANTE A GUERRA DO IRAQUE

A maioria dos programas regulares da CNN foi suspensa durante a cobertura da Guerra do Iraque e a programação foi totalmente alterada. As notícias, reportagens e entrevistas da relação a seguir foram transmitidas dos centros de produção em Atlanta, Londres e Hong Kong, e também ao vivo de Bagdá. De acordo com o andamento das operações militares, algumas edições especiais dos programas da CNN foram introduzidas na grade de programação. Aproximadamente 50% das transmissões foram feitas dos estúdios em Londres e de Hong Kong, e o restante da sede da rede, em Atlanta. A partir de 26 de abril de 2003, as produções dos programas voltaram à normalidade.

PROGRAMAS E MATÉRIAS APRESENTADOS NO PRIMEIRO DIA DA GUERRA ENTRE ESTADOS UNIDOS E IRAQUE (20/3/2003)	
PROGRAMA	MATÉRIAS/REPORTAGENS
AMERICAN MORNING	• Red Cross: 1 Dead, 14 Injured in Baghdad Attack
	• View from USS Constellation
	• Talk with Lt. Mike Billello
	• Three False Scud Alarms for 101st Airborne Division
	• U.S. Forces Fired on by Iraqis
	• Bush Meets With Planners
	• Israel is on Alert
	• Iraqi Leadership Targeted in Strike
	• Source: Saddam Tape May Have Been Double
	• Reporting with Army Fifth Corps
	• Interview With Madeleine Albright
	• Forty Tomahawks Fired From Six Ships
	• First Official Iraqi Confirmation of Targets

CNN BREAKING NEWS	• More Bombs Dropped Over Baghdad • More Than Forty Cruise Missiles Launched • Iraqi Ministers Speak Out • British May Not Have Expected Initial Attack • Kurdish Areas Under Artillery Fire • Kuwait Officials: Warheads Conventional • Unidentified Projectile Launched Into Kuwait • Iraqi Ministers, Hussein Appear on Iraqi TV • Special Forces Could Try to Get on Ground in Iraq • Air Raid Sirens in Kuwait • Artillery Assault In Northern Kuwait • Interview With Amre Moussa
LARRY KING LIVE	• Strike on Iraq: Analysis of War
LIVE AT DAYBREAK	• News from Iraqi Information Minister's Press Conference • Areas In, Near Baghdad Hit by Cruise Missiles • Operation 'Iraqi Freedom' Has Begun • Strike Iraq: Eye on Arab World • Strike Iraq: Scenes From Baghdad • Overnight Air Strikes on Iraqi Capital Injures 14, Kills 1 • Operation Iraqi Freedom has Begun • Conflict Underway
LIVE EVENT/SPECIAL	• Saddam Hussein Address • Operation 'Iraqi Freedom' Has Begun • Strike Iraq: Eye on Arab World • Strike Iraq: Scenes From Baghdad • Britain's Foreign Minister Holds Press Conference

LIVE EVENT/SPECIAL (cont.)	• Statement by Iraqi Ambassador to U.N. • Iraqi Information Minister Makes a Statement • Pentagon Briefing • White House Press Briefing • Second Wave Of U.S. Attacks Hit Baghdad; Sirens Ring Throughout The Day In Kuwait City • Strike On Iraq: British Forces May Have Deployed into Southern Iraq • Strike on Iraq: Interview With Senator Evan Bayh • Strike on Iraq: What Will Bring The End Of Saddam? • Baghdad Quiet Following Continuous Attacks • Strike on Iraq: Reaction to War from Home, Abroad • Strike on Iraq: U.S. Ground Troops Engage Hostile Forces • Strike on Iraq: Families Worry For Soldiers Oversees • Strike on Iraq: Interview With Graham Fuller • Strike on Iraq: With War Under Way Security in U.S. Continues to be Stepped up • Strike on Iraq: Saddam Hussein, Sons Targets • Strike on Iraq: War Under Way • Strike on Iraq: Helicopter Down in Kuwait • Strike on Iraq; Bush Asks Countries to Expel Iraqi Ambassadors

LIVE EVENT/SPECIAL (cont.)	• Strike on Iraq: Ground Forces on the Move • Strike on Iraq: Sirens Blaring Again in Northern Iraq • Strike on Iraq: U.S. 7th Cavalry Rolls Across S. Iraq, Largely Unopposed • Strike on Iraq: U.S. Goes to War
CNN LIVE ON LOCATION	• Heavy Detonations Heard in Iraq • Does This Apparent Lull in Bomb Mean a Change of War Plans? • Live Reports From Kuwait, Baghdad, Pentagon • U.S. Troops, Marines Move Into Iraq; Heavy Detonations Continue as it Approaches Midnight in Iraq • Will The Real Saddam Please Stand Up? • Heavy U.S. Artillery Firing From Northern Kuwait • Saddam Hussein Is Fighting A Propaganda Battle As Well As Militarily
CNN LIVE TODAY	• Red Cross: 14 Wounded in U.S.-Led Strike • Turkey Parliament Approves U.S. Overflights • U.S. Patriot Missile Hits Iraqi Missile Over Kuwait • Reporting with 2nd Marine Division • Dr. Gupta Reports with Group of Marines • As Many as 200,000 Ethnic Kurds on Move in Northern Iraq • Discussion with Mike Turner • Many Explosions Heard Over Baghdad • Explosions Reported Over Iraq Capital • Huge Explosions Heard in Baghdad; Analysis of War Tactics

CNN LIVE TODAY (cont.)	• Interview With Joe Wilson • Iraqi Government Assessing War, Military Options • Heavy Artillery Attack Appears to be taking Place Past Iraq- Kuwait Border • Analyst of War Seemingly Ever Changing Strategies; Interview With Abdul-Rida Assiri • Kurds Flee to Northern Iraq • Artillery Barrage Going From Kuwait Into Iraq • Artillery Fight Site Main Launching Point Of Planes In First Attack

PROGRAMAS E MATÉRIAS APRESENTADOS NO MEIO DA GUERRA ENTRE ESTADOS UNIDOS E IRAQUE (10/4/2003)	
PROGRAMA	MATÉRIAS/REPORTAGENS
AMERICAN MORNING	• The Northern Front • War Recap • With U.S. Air Force • Talk with Member of Iraqi Democratic Movement • Crowds Try to Pull Down Saddam Statue in Kirkuk • Kirkuk Crowds Topple Saddam Statue • View from Baghdad • Interview With Dr. Jim Tulloch of WHO • War Update • Discussion with Con Coughlin • WMDs Not Yet Found • Historic Moment
CNN BREAKING NEWS	• Kurdish Forces Moving Into Kirkuk • Suicide Bombing Near Palestine Hotel
CNN INSIDE POLITICS	• Saddam Hussein is Losing Grip on Northern Cities in Iraq

LARRY KING LIVE	• Analysis of Conditions in Iraq
LIVE AT DAYBREAK	• Interview with Captain Frank Thorp, CENTCOM Spokesman • Celebrations in Towns Across Northern Iraq • War in Iraq: Baghdad Update • War in Iraq: Israel, Palestine Reaction • War in Iraq: Central Command Update • Marines Search Presidential Palace • War in Iraq: Fighting Continues in Baghdad • Interview With International Red Cross Spokesman • Reaction From Middle East on Destruction of Saddam Statue • Northern Front Collapsing
LIVE EVENT/SPECIAL	• Live From the Front Lines: Timeline From Today's Headlines • CENTCOM Briefing • Sporadic Fighting Continues in Baghdad • Iraqis Wake to New Era • Koffi Annan Answers Questions at the U.N. • White House Briefing • U.S. Carries Out Another Leadership Strike
CNN LIVE ON LOCATION	• Dangerous Times in Baghdad • Four Marines Injured Seriously • Discussion with Michelle Flournoy • Republican Guard Members Surrender Near Mosul • Kurdish Troops Enter Kirkuk • Kurds, U.S. Taking Northern Towns • President Assures Iraqis Via Televised Message • Military Analysis With Don Shepperd • Interview With Antonia Paradela of the World Food Program

CNN LIVE ON LOCATION (cont.)	• Interview with Alex Renton of Oxfam • Analysis With Fawaz Gerges • Civil Disorder Is on Rise in Baghdad • Bush Appears on Iraqi Television • Secretary-General Kofi Annan is Concerned About Lack of Law and Order in Iraq • A Trip in a Supply Sortie • War Recap • Suicide Bombings, Looting In Post-Saddam Iraq • A Panorama of Scenes Today in War in Iraq • Mass Looting in Basra • Replacing Dictators With Working Democracy • Baghdad Has 'Hangover'
CNN LIVE TODAY	• Kurdish Forces Taking Control Around Kirkuk • Chemical Questions • Discussion with Amr Moussa • Interview With Statue Climbing Marine • Iraqi Shiite Leader Assassinated in Najaf • Discussion with Zainab Al Suwaij • Marines Enter Iraqi Secret Police Training Facility • Prominent Iraqi Shiite Leader Killed in Najaf • Ironic Day in Baghdad • Supporting the Troops
NEWSNIGHT AARON BROWN	• Baghdad Still in Flux; Bush Says Security Will Soon Improve in Iraq
WOLF BLITZER REPORTS	• Chaos, Looting in Iraq as Saddam's Regime Leaves
LIVE FROM THE FRONT LINES	• Troops in Baghdad Still Face Looting, Riots, Suicide Attacks • Control of Iraqi Cities Still Growing Despite Safety Concerns

PROGRAMAS E MATÉRIAS APRESENTADOS NO ÚLTIMO DIA DA GUERRA ENTRE ESTADOS UNIDOS E IRAQUE (1º/5/2003)	
PROGRAMA	MATÉRIAS/REPORTAGENS
AMERICAN MORNING	• Bush to Announce End of Combat in Iraq • FBI: DNA Test Results Expected This Week in Missing Boy Case • Grenade Attack in Iraqi City of Fallujah • Rumsfeld to Declare End of Combat in Afghanistan • State of Smog in America • Bush Expected to Announce End to Combat in Iraq • Minding Your Business: Airport Security Forces Facing Cuts • More Violence in Iraqi City of Fallujah • Sinus Trouble Over Mayo Clinic's New Sinus Infection Treatment • Discussion with John Walsh • Interview with White House Communications Director • Powell Trip • Humanitarian Needs • Hate Crimes Bill • Women's Privacy • Six Suspected Al Qaeda Members Caught During Raid in Pakistan • FBI Waiting for Results of DNA Tests on Boy in Illinois
CROSSFIRE	• Analysis of Bush's Speech From the Abraham Lincoln Tonight
LARRY KING LIVE	• Reaction to President Bush's Speech
LIVE AT DAYBREAK	• White House Briefing: Is the War Over? • More Trouble in Mideast • Earthquake Shakes Turkey, Students Trapped

LIVE AT DAYBREAK (cont.)	• Bumpy Road in Mideast Road Map to Peace • Earthquake in Southeastern Turkey • Made in America: Films Flourishing • Earthquake Shakes Turkey • Wake-Up Call: Colin Powell Trip • Bumpy Road to Mideast Peace Plan • Eye on the Sky: Air Travel Delays • DNA Test Pending: Are You My Buddy? • Tonight President Bush to Announce End of Combat in Iraq • Seventeen Iraqis Killed in Clashes with U.S. Troops in Fallujah • Initial Tests on Little Boy Inconclusive • Rumsfeld Had Message for Troops, Iraqi People Before Leaving Baghdad • Body of Last American Listed as Missing in Iraq War Located • More Bloodshed in Mideast • Do Masks Work When It Comes to Preventing Spread of SARS?
LIVE EVENT/SPECIAL	• Powell, Spain's Foreign Minister Hold Press Conference • Freedom for Afghanistan • President Bush Declares Combat Phase of War in Iraq Over • Bush Departs for USS Lincoln
LIVE TODAY	• Earthquake Kills Dozens in Turkey • Violence Flares Up Again in Fallujah • Legal Implications of Bush Declaring Combat Phase Over • At Least 85 People Killed in Turkey Earthquake • Interview With John Glenn • Bush to Declare End to Major Combat Operations in Iraq

LIVE TODAY (cont.)	• Latest from Baghdad • Rescuers in Turkey Scrambling to Save Children • Art Harris Brings Back Tales, Video From Iraq • Living to Tell the Story • Interview With Cardiologist Dr. Arthur Agatston
CNN NEWSNIGHT AARON BROWN	• Iraqi Protesters Killed in Fallujah; New Political Parties Emerge From Basra; Mercy Corps En Route to Iraq to Provide Aid to Iraqis; Interviews with John Burns, Steven Brill, Margret Larson, Martin Indyx • Bush: Major Combat in Iraq Over; U.S. Troops Will Remain for Security, Reconstruction • A Look at Hunt for Weapons in Iraq
CNN WOLF BLITZER REPORTS	• President to Declare End to Major Combat in Iraq
INSIGHT	• Insight
JUDY WOODRUFF'S INSIDE POLITICS	• President Bush Set to Announce End of Combat in Iraq; Clinton Stays Away From Fight Between Kerry, Dean
LIVE FROM THE HEADLINES	• Bush Lands on USS Abraham Lincoln to Deliver Speech Declaring End to Fighting in Iraq
LIVE FROM...	• President on Deck • Law Enforcement Sources 90 Percent Sure Eli Quick is Not Buddy • Explosion at Large Gas Station in Central Baghdad • North Korea: A Weapons Powerhouse? • Lincoln Prepares for President's Landing

LIVE FROM (cont.)	• President Arrives in California for Trip to Carrier • Some Survivors Found in Bingol School • Investigators 90 Percent Sure Boy Is Not Buddy Myers • Interview With Maine Spokesman Steve McCausland
NEWS FROM CNN	• Bush Address Will Not be Victory Speech • Some Iraqis Unsatisfied With Security Situation • Discussion with Shimon Peres • Explosion Kills Security Guard in Jordan

DADOS DA PESQUISA

A tabela de Identificação das Matérias dos Programas da CNN (veja página seguinte) apresenta os dados dos programas e das reportagens transmitidas durante os três dias da programação da rede de notícias norte-americana que compõem a amostra da pesquisa discutida neste livro. Foram escolhidos o primeiro dia da guerra dos Estados Unidos contra o Iraque (20 de março de 2003), o dia 10 de abril de 2003 (por se tratar de uma data próxima ao meio do conflito) e o último dia da guerra (1º de maio de 2003). Nesses três dias, os programas transmitidos foram gravados e os *scripts* e transcrições coletados do site da CNN. Ao todo, foram analisadas cerca de 72 horas de programação, composta somente por programas inéditos, sendo excluídas as reprises e as reportagens reaproveitadas durante a programação.

TABELA DE IDENTIFICAÇÃO DAS MATÉRIAS DOS PROGRAMAS DA CNN
(DATAS DA AMOSTRÁGEM: INÍCIO, MEIO E FIM DA GUERRA DO IRAQUE EM 2003)

	20-3-2003	10-4-2003	1-5-2003	TOTAL
Número de matérias exibidas (1)	62	66	72	200
Número de matérias sobre a guerra	62	66	44	172
Outras matérias – Assuntos diversos (2)			28	28
Número de palavras/dia (média) (3)	170.830	127.301	139.282	437.413
Citações dos Estados Unidos nas matérias	440	429	330	1.199
Citações do Iraque nas matérias	1.243	1.305	655	3.203
Citações das tropas de coalizão	89	146	41	276
Referências feitas a Bush	127	73	203	403
Referências feitas a Saddam	446	442	87	975
Referências feitas ao povo e instituições norte-americanas (soldados, tropas, empresas etc.)	179	288	187	654
Referências feitas ao povo e instituições iraquianas (soldados, tropas, empresas etc.)	802	894	250	1.946
Citação da palavra "invasão" do Iraque	16	9	0	25
Citação da palavra "ocupação" do Iraque	2	24	3	29
Citação das palavras "ditadura" e "ditador", referindo-se ao Iraque e a Saddam Hussein	3	26	19	48
Matérias denunciando abusos dos Estados Unidos no Iraque			1	1
Matérias sobre atividades militares dos Estados Unidos em outros países			2	2
Matérias com entrevistados favoráveis à guerra				*
Matérias com entrevistados contrários à guerra				*
Voz para George W. Bush				*
Voz para Saddam Hussein (4)				*

1. Esse número representa as matérias apresentas na primeira exibição do dia. Exclui as matérias reprisadas durante o dia em vários programas.

2. Outros assuntos no dia 1º de maio de 2003: teste de DNA do garoto desapareci-

do em 1995; terremoto na Turquia; bomba no Paquistão; poluição/alerta sobre a camada de ozônio nos Estados Unidos; segurança nos aeroportos norte-americanos; número de crimes nos Estados Unidos; privacidade para mulheres que abortam; Al Qaeda no Paquistão; fim da Guerra do Afeganistão.

3. Incluem-se nesse número datas, manchetes, nomes dos apresentadores e repórteres e apresentação do programa que estão no *script*.

4. O presidente do Iraque, Saddam Hussein, deixou de aparecer em público desde o primeiro dia da guerra; até o fim dos ataques dos Estados Unidos ele não havia sido localizado. Saddam só apareceu em imagens de redes árabes que supostamente registraram algumas reuniões entre ele e seus ministros durante o conflito.

Uma análise profunda desse material demanda um trabalho que não seria possível realizar somente com os dados abordados na referida tabela, por isso ela foi elaborada com a finalidade de identificar alguns elementos da amostra para servirem de base para a comprovação das hipóteses já levantadas. A análise dos dados da tabela tem como suporte as referências bibliográficas e os conceitos que dão sustentação à pesquisa. O número total de matérias exibidas pela CNN nos três dias analisados é de 200. Durante a guerra, a grade de programação da rede foi alterada, dando prioridade para reportagens e comentários ao vivo, principalmente dos correspondentes enviados ao Iraque. O número de matérias apresentadas no primeiro dia da guerra foi menor (62), por conta do maior número de reprises de reportagens. Essa é uma estratégia para preencher todo o espaço da programação e dos programas: reprisar várias vezes a mesma reportagem ou entrevista. Pode-se ver um maior número de matérias transmitidas no último dia da guerra (72), porque a programação começava a voltar ao normal e muitos programas que haviam sido cancelados passaram a ser veiculados novamente.

Durante todo o período do conflito (43 dias), o assunto predominante em 90% do tempo da programação foi a guerra. No primeiro dia e na data que representa o meio do combate, todas as matérias trataram somente desse assunto. A programação começou a voltar ao normal a partir de 27 de abril, quando o presidente Bush anunciou o fim dos ataques militares (1º de maio) e outras reportagens voltaram a ser exibidas. Mesmo assim, das 72 matérias que foram ao ar no dia 1º de maio, 44 abordavam a Guerra do Iraque. Das 28 matérias desse dia com outros assuntos, algumas repetiram várias reportagens já veiculadas, como teste de DNA de um garoto desaparecido em 1995 (6 reportagens); terremoto na Turquia (7 reportagens); bomba no Paquistão; poluição/alerta sobre a camada de ozônio nos Estados Unidos; segurança nos aeroportos norte-americanos; número de crimes nos Estados Unidos; privacidade para mulheres que abortam; Al Qaeda no Paquistão; fim da Guerra do Afeganistão. Nessa amostra de "ou-tros assuntos" tem-se uma idéia do que a CNN acha importante mostrar ao mundo depois de sair de uma fase de choque por causa de mais um conflito militar promovido pelos Estados Unidos.

Com o auxílio de um programa editor de texto, foram contadas as palavras dos *scripts* dos três dias da amostra. No dia 20 de março (170.830 palavras) pode-se verificar que mais reportagens foram produzidas com o menor número de reprises. Também no último dia da guerra (139.282), o número foi elevado por conta do retorno da programação normal. Já no dia 10 de abril, o menor número de palavras (127.301) demonstra que foram produzidas poucas matérias, e que a reprise das reportagens já exibidas foi maior que nos outros dois dias.

O conflito militar deixou, obviamente, os dois países na boca dos apresentadores, repórteres e entrevistados, além de representantes e chefes de Estado. Porém, os números chamam a atenção para as citações, sendo o Iraque citado 3.203 vezes durante as 72 horas da programação, e os Estados Unidos, 1.199 vezes. O decréscimo das citações foi gradativo; mesmo assim, o Iraque foi sempre mais citado diariamente nas reportagens, sendo que no primeiro dia houve 1.243 contra 440; no dia 10 de abril, 1.305 citações contra 429 para Iraque e Estados Unidos, respectivamente, e no último dia da guerra, 655 contra 330 citações aos

Estados Unidos. Na guerra das citações nos programa da CNN, o Iraque ganhou com larga vantagem, sendo citado três vezes mais que os Estados Unidos nas entrevistas e reportagens.

A imprensa colaborou com a estratégia de *marketing* de guerra, divulgando o nome dos países aliados aos Estados Unidos como "tropas de coalizão". O nome soou forte e por isso foi repetido 276 vezes nos três dias da amostra desta pesquisa, sendo 89 vezes no primeiro dia da guerra; no auge do conflito, as "tropas de coalizão" foram chamadas assim pelas reportagens 146 vezes num único dia (20 de abril); no último dia do conflito, com as forças um pouco mais desgastadas, jornalistas e entrevistados da CNN, incluindo a declaração de Bush, citaram apenas 41 vezes a expressão.

George W. Bush obteve nas urnas uma vitória duvidosa sobre Al Gore, mas durante a guerra perdeu publicamente para Saddam Hussein nas citações das matérias e reportagens sobre os dois presidentes. Saddam brilhou na tela da CNN com 975 citações, enquanto Bush foi lembrado pelos *scripts* 403 vezes nos três dias analisados. Somente em um dia, quando anunciou o fim da guerra, Bush pôde se consolar com uma vitória tímida: 203 citações contra 87 menções a Saddam Hussein. No primeiro dia do ataque militar, Saddam fez jus a 446 citações, contra apenas 127 a Bush. No meio do conflito (20 de abril), Saddam ganhou disparado na preferência dos jornalistas e entrevistados, que o citaram 442 vezes, contra apagadas 73 citações a Bush, que também colaborou com a vitória do rival, citando-o em seus discursos e entrevistas. Foram gols contra.

Presidente derrotado pelas citações, povo idem. O povo e as instituições norte-americanas — incluindo soldados, tropas e empresas — perderam terreno também nas reportagens e matérias da CNN, nas quais jornalistas e entrevistados preferiram voltar os olhos para os mais humildes. O povo e as instituições iraquianas foram mencionados 1.946 vezes durante os três dias da programação da maior rede de TV de notícias do mundo.

Pelos seus *scripts*, no mesmo período, a CNN citou 654 vezes o povo e as instituições de sua terra natal. Só no primeiro dia da guerra os "iraquianos" foram citados 802 vezes, contra 179 citações aos "americanos". Em 20 de abril, foram 894 contra 288, respectivamente. Somente no último dia da guerra, iraquianos e norte-americanos se aproximam do número de citações nas reportagens: 250 para os primeiros e 187 para os segundos.

Algumas palavras dão indícios do que é uma operação orquestrada pelos aparelhos ideológicos do Estado que batizaram a invasão de *Operation Iraq Freedom* (Operação Liberdade Iraquiana). Essa estratégia de comunicação repercute na imprensa mundial, não somente da CNN, uma idéia que apaga a verdadeira operação de invasão promovida pelos Estados Unidos e chamada de guerra pelos aliados ou "tropas de coalizão". Uma pesquisa em outros meios de comunicação pode comprovar se esses dados se confirmam ou não, mas a palavra "invasão" durante a Guerra do Iraque foi sumindo do vocabulário dos jornalistas e, curiosamente, também dos entrevistados. No primeiro dia do conflito, as matérias se referiram à "invasão" por 16 vezes. No meio do evento, mencionaram o termos 9 vezes. No dia do anúncio do fim das operações militares, nenhuma vez a palavra "invasão" foi pronunciada por repórteres ou entrevistados. Numa palestra para profissionais de televisão a cabo no Brasil, em 2004,[9] o correspondente da CNN Jim Clancy, ao ser questionado sobre a possibilidade de a CNN ter recomendado aos jornalistas que não usassem a palavra "invasão", afirmou não ter conhecimento dessa recomendação, mas sugeriu que essa palavra talvez tivesse sido trocada por outra, "ocupação", por exemplo. Fizemos outra consulta aos *scripts* da CNN nos três dias da amostra e descobrimos que a palavra ocupação foi citada 29 vezes, sendo 2 vezes no primeiro dia da guerra, 24 vezes em 10 de abril, e 3 vezes no último dia do conflito. Portanto, concluímos que as palavras "invasão" e "ocupação" foram praticamente banidas do vocabulário dos entrevistados e jornalistas da CNN, que fizeram a cobertura do final da Guerra do Iraque em 2003. Esses números merecem atenção.

Porém, as palavras "ditadura" e "ditador", referindo-se ao Iraque e a Saddam Hussein, foram proferidas 48 vezes nesses três dias. Com exceção dos apelidos "pequeno Bush" e "demônio" usados por representantes do Iraque, o presidente George W. Bush nunca foi chamado pelos jornalistas da CNN de "invasor", "destemperado", ou por qualquer outro termo pejorativo, como aqueles usados para referir-se a Saddam. Dois pesos, duas medidas.

Durante uma guerra não se pode esperar flores, tampouco cordialidades. Porém, não mostrar os abusos das tropas é esconder a verdade. Nos três dias pesquisados, apenas um caso de abuso por parte das tropas norte-americanas foi enfocado em reportagem. Outras matérias certamente foram realizadas durante o conflito, mas o número é insignificante diante das atrocidades reveladas após o fim dos ataques. Durante o conflito, existiu uma censura declarada pelo Pentágono para que não fossem mostradas imagens sobre casos de abusos das tropas dos Estados Unidos, entre outros temas que poderiam comprometer a opinião pública do mundo sobre a guerra. A CNN fez um programa integralmente dedicado a essa questão da censura.

Nenhum outro assunto além da Guerra do Iraque foi tratado pelos programas nos dias 20 de março e 10 de abril. Somente no último dia da amostra, 1º de maio de 2003, no fim da guerra, é que foram exibidas 28 reportagens sobre assuntos diversos, todos de interesse dos Estados Unidos. O mundo praticamente parou nas reportagens da CNN para ver o conflito. Quando a guerra terminou, o mundo precisava saber o que os norte-americanos fizeram durante esse tempo todo. Depois, todos se deram conta da pneumonia asiática, a SARS, assunto que passou a ser enfocado com ênfase somente após o final da cobertura da guerra.

Alguns dados que interessavam a essa pesquisa não puderam ser recolhidos da amostragem por causa da necessidade de aprofundamento e de um tempo maior para análise. Foram encontradas algumas dificuldades para identificar, por exemplo, o número de matérias favoráveis ou desfavoráveis à guerra. Isso demandaria uma pesquisa cautelosa para identificar os falantes e seus interesses, confessos ou não. A classificação dos entrevistados não é uma fonte segura para a identificação do enfoque positivo ou negativo dos envolvidos nessa guerra de interesses explícitos e com combatentes muito sintonizados, batizados pelos Estados Unidos de "forças de coalizão", formadas principalmente por norte-americanos e ingleses.

Muitas reportagens evidentemente contrárias à guerra, com entrevistados que defendiam a solução pacífica para o conflito, eram sobrepostas com uma dose de "imparcialidade", mostrando outros entrevistados na mesma reportagem. Entrevistas com representantes dos governos, obviamente, defendiam o ponto de vista de seu país ou bloco. Algumas entrevistas eram dúbias porque o entrevistado se posicionava contra a guerra e a favor de uma solução pacífica, enquanto seu país de origem não via outra solução imediata senão o conflito armado. Assim, não foi possível relacionar tais dados nesta amostragem, pois isso evidenciaria uma fragilidade da pesquisa por causa da falta de profundidade da análise.

Outra apuração que não pôde ser concluída foi sobre o número de matérias que deram voz a Bush e a Saddam. A dificuldade se deu por conta da repetição de vários trechos das mesmas declarações em programas diferentes, o que alteraria o resultado da contagem. Outra situação que impediu a contagem foi o fato de o presidente do Iraque deixar de aparecer em público desde o primeiro dia da guerra, não tendo sido localizado até tempos depois do fim dos ataques. Saddam só apareceu em imagens de redes árabes que, supostamente, registraram algumas reuniões entre ele e seus ministros durante o conflito; portanto, deixou de ter voz nas matérias da CNN, diferentemente de Bush, que aparecia diariamente.

Notas

1. José Marques de Melo (org.), *Gêneros jornalísticos na Folha de S.Paulo*.
2. Philip S. Cook, *The future of news*.
3. Cláudia B. Oliveira, Marta Quadros e Nalú Silveira, "O local e o global no olhar televisivo. Estudo comparativo da estética dos telejornais *Em cima da hora, International World News* e *Journal*", p. 172.
4. Denis Moraes, *Globalização, mídia e cultura contemporânea: a dialética das mídias globais*, p. 20.
5. Roland Barthes, *Introdução à análise da narrativa*.
6. Cremilda de Araújo Medina, *Notícia: um produto à venda — Jornalismo na sociedade urbana e industrial*, p. 143.
7. Programação divulgada durante o período da guerra, em 2003, porém não cumprida integralmente.
8. Grade horária de março de 2005.
9. Evento promovido pela Associação Brasileira de Televisão por Assinatura (ABTA) no pavilhão de eventos do International Trade Mart em São Paulo, 2004.

Conclusões

As soluções eu já as possuo há muito tempo,
mas ainda não sei como cheguei a elas.
Gauss.[1]

A CNN é a célula mais importante da mídia na era da globalização. Essa é a análise final sobre o papel da maior rede de TV de notícias 24 horas do mundo. Seu surgimento impulsionou o lançamento de outros canais, porém, nem os novos canais, nem as novas tecnologias de comunicação em rede derrubaram a bandeira da hegemonia que ela carrega no contexto da aldeia global. *Constata-se que a CNN difunde a hegemonia norte-americana. Essa difusão de notícias em escala mundial leva ao conceito de geocomunicação, termo que agrega os valores da comunicação estratégica e da geopolítica. A geocomunicação das nações hegemônicas é feita pelos canais de TV com notícias 24 horas.*

Uma das hipóteses confirmadas na realização da pesquisa que originou este livro é que a CNN é difusora da hegemonia e da geopolítica norte-americanas. Nenhum outro canal de notícias do mundo suspende a programação por 43 dias para falar única e exclusivamente de um assunto que interessa aos Estados Unidos. Cem por cento dos assuntos abordados durante a amostra citam o país ou enfocam temas norte-americanos. Essa hipótese é comprovada pela pesquisa realizada com base nas gravações dos programas feitas durante 24 horas, e nos *scripts* de todos os telejornais transmitidos durante os três dias da análise. Essa comprovação está fundamentada no conceito de hegemonia de Gramsci e nas notícias transmitidas nos telejornais.[2] A CNN incorpora, atende ao perfil e absorve os elementos do príncipe eletrônico apontado por Ianni. É o máximo que um príncipe, na concepção de Maquiavel, pode obter de reconhecimento e de temor por parte de seus adversários. É o exemplo mais claro da amplitude e do alcance do poder hegemônico na mídia, segundo o conceito de hegemonia de Gramsci. A CNN é a incorporação ideal e polivalente do príncipe eletrônico formulado por Ianni.

Essa difusão de notícias em escala mundial leva ao conceito de *geocomunicação*, termo que agrega os valores da comunicação estratégica e da geopolítica. Nesta pesquisa, constata-se que *a geocomunicação dos Estados Unidos é feita principalmente (mas não exclusivamente) pela CNN*. Observa-se que a CNN é porta-voz não oficial do conceito de globalização que interessa aos Estados Unidos. Ela tomou o lugar das agências de notícias oficiais dos governos, passando mais credibilidade por fazer parte da iniciativa privada. Os eventos *ao vivo* transmitidos pela rede de notícias são de interesse dos Estados Unidos ou têm assuntos centrados no país. Como sua base de operações fica lá, é natural que os assuntos abordados envolvam mais esse país. O Pentágono tem um programa para colocar jornalistas com os soldados durante os conflitos. Que país criaria um programa desses se não tivesse interesse na divulgação das suas ações militares? A cobertura da guerra é apenas mais um exemplo de geocomunicação utilizada pelos Estados Unidos, orquestrada pelo exército, que tem a imprensa à sua disposição, inclusive no meio das tropas.

Cerca de três mil satélites de comunicação já circulam a Terra. De forma global, o fluxo de informação entre as nações, principalmente o material enviado pela televisão, é, em grande medida, um tráfico desequilibrado, de sentido único, que está longe de ter a profundidade e a vasta gama de atributos que promovem a liberdade de expressão. As discussões em torno da interligação dos cabos e dos satélites ficam vazias quando se trata de controlar o fluxo de informação de um canal a cabo como a CNN. Além do cabo, ela está em todos os telejornais das grandes redes, e chega a todos os aparelhos que recebem sinais da TV aberta. A CNN tem um poder de penetração que atualmente impede a presença de outra rede *all news* de abrangência mundial com o mesmo alcance que o seu. Nessa situação, qualquer assunto que ela promove tem alcance internacional, por isso os Estados Unidos têm interesse direto que a rede continue bem.

A CNN é parte fundamental do processo de comunicação e difusão da globalização, independentemente dos motivos empresariais e econômicos que levaram à sua criação. Muitos são os caminhos que podem levar a essa comprovação. Optamos por identificar minuciosamente, durante a pesquisa bibliográfica, os desdobramentos históricos que remetem o conceito de globalização ao início dos grandes descobrimentos e à fase do mercantilismo.

A televisão faz parte de um crescimento qualitativo e de um novo estágio da globalização das notícias.[3] Essa análise dos períodos históricos relacionados com o desenvolvimento das estruturas de informação vai comprovar que a televisão, notadamente a CNN, é o meio de comunicação de massa com o maior poder de influência do planeta. A "aldeia global" de McLuhan precisa de um aparato como a CNN para a sua consolidação ou, quem sabe, para a sua realização plena. A existência da CNN coaduna com os princípios da "aldeia global". Podemos dizer que se a CNN não existisse, seria preciso que a globalização a inventasse.

A CNN, precurssora do segmento e do modelo de canal de notícias 24 horas, promoveu o lançamento de outros canais do gênero. A comprovação se dá ao demonstrarmos o caráter estratégico para uma nação do que representou o lançamento de um canal de notícias norte-americano, mostrando ao mundo o que é notícia sob a ótica desse povo. Isso, conseqüentemente, estimulou outros olhares sobre os fatos, promovendo iniciativas semelhantes ou idênticas de outros canais de televisão em todos os continentes e em vários idiomas. Outras redes de televisão com notícias 24 horas vieram no vácuo da CNN e operam no mesmo sistema de troca e fornecimento de notícias e imagens. Entre elas estão Fox News, MSNBC, CNBC, TV5, NHK, Sky

News, ITV, Globo News, Al-Jazeera e outras, todos canais de notícias 24 horas, fundadas após o surgimento da CNN. Várias redes estão sob o mesmo guarda-chuva de um grande número de canais regionais, como a European Broadcasting Union, a Asia Broadcasting Union, a Arab States Broadcasting Union e a Intervision, servindo aos países do bloco do Leste Europeu. As britânicas Super Channel e Sky News produzem, nos mesmos moldes da CNN, programas completos e coberturas jornalísticas. *Públicas ou privadas, atreladas aos governos ou financeiramente independentes, as redes de notícias 24 horas formam um canal de comunicação necessário, fundamental e muito bem utilizado para a geocomunicação dos países, das empresas, das instituições ou dos trustes de onde estão sediadas. Mas não estão sozinhas. As agências de notícias continuam desempenhando seu papel de espalhar notícias com a velocidade que interessa aos governos e instituições. Com as agências, os canais* all news *são parte do sistema de comunicação internacional inteligentemente utilizados pelo* establishment.

Houve dificuldade para comparar a CNN com outra TV de notícias. O motivo é simples: ela tem um poder de atuação, penetração, reutilização das reportagens e alcance incomparável. Poderíamos buscar, por exemplo, uma comparação da CNN com a Globo News. Fora o fato de ambas atuarem no segmento canal de notícias, o poder e o interesse da Globo News na divulgação da hegemonia do seu país de origem e seu contexto na globalização é praticamente inexpressivo. Raramente se verá uma imagem da Globo News em emissoras do mundo todo. Se houver um evento que justifique isso, as câmeras da CNN chegarão até lá antes do próximo intervalo.

No Brasil, a Globo News é o primeiro exemplo brasileiro de canal de notícias que seguiu os padrões dos formatos adotados pela CNN. A fórmula de reprisar notícias dentro de programas com vários formatos é o que compõe a estratégia de preenchimento da grade de programação da rede de notícias norte-americana. Caso contrário, seria impossível ocupar todo o espaço requisitado por um canal com 24 horas de informação, mesmo utilizando assuntos de várias partes do mundo. Essa estratégia, seguida internacionalmente por outros canais de notícias, foi incorporada no Brasil pela Globo News, canal por assinatura que apresenta, entre vários assuntos, imagens geradas pela CNN. O canal norte-americano inspirou as Organizações Globo a ingressar no segmento. Diferentes gêneros e formatos experimentados pela rede norte-americana são fielmente repetidos nas emissoras de notícias 24 horas, notadamente verificados pelo cenário, disposição visual das informações na tela, estilos de apresentadores, produções especiais de entrevistas e documentários. Nessa hipótese, não se quer chamar a atenção para a fidelidade ou não das cópias, mas para o poder de influência de um canal que lança padrões e conceitos no telejornalismo, seguidos mundialmente pelo segmento de televisão com notícias 24 horas.

GEOCOMUNICAÇÃO POR MEIO
DO FLUXO INTERNACIONAL DE NOTÍCIAS

O termo geoinformação é utilizado em diferentes setores da economia e dos negócios. Entre os exemplos mais comuns está a utilização desse tipo de tecnologia para o monitoramento de veículos em qualquer lugar do planeta, via satélite, auxiliando empresas de segurança patrimonial e até mesmo carros particulares. Além disso, a geoinformação também pode ser usada na área de *marketing* de empresas que pretendem abrir novas unidades, para saber qual é o perfil dos habitantes que moram numa determinada região, quais os concorrentes estabelecidos nas proximidades e outras informações ligadas à localização geográfica.[4]

A palavra-chave "geo" não foi localizada pelo autor em nenhum estudo que relacionasse o termo geocomunicação com a comunicação estratégica,[5] utilizada para atender aos objetivos da geopolítica e da manutenção da hegemonia. Para os Estados

Unidos, "plantar" uma informação na CNN significa chamar a atenção do mundo para um assunto específico. E essa prática não é difícil. Esses assuntos podem ser desde a execução de presos políticos em Cuba até a revolta do povo venezuelano contra o presidente Hugo Chaves, que não conta com a simpatia do governo norte-americano. A comunicação no processo geopolítico é reconhecida pelo seu caráter estratégico, por isso merece uma pesquisa direcionada para esse campo:

> Um outro capítulo da redefinição do poderio militar consiste na renovada importância das informações. Existiria hoje uma "geopolítica das informações e das comunicações", argumentam alguns. Em primeiro lugar, a expansão das redes de televisão (normais ou a cabo) e das imagens de satélites, que cobrem os acontecimentos considerados importantes em todo o mundo no mesmo instante, alteraram a política internacional. Esse seria o "efeito CNN", como dizem os norte-americanos (ou "ideologia da comunicação", como afirmam os franceses), que influi em ou até molda a percepção do público a respeito dos problemas e, conseqüentemente, tem o seu peso nas decisões políticas. Em segundo lugar, existiria até mesmo uma "guerra das informações", que consistiria não apenas na tentativa de ganhar a disputa na mídia, mas também — e principalmente — minar os circuitos de informações do adversário. Afinal, as comunicações — a informação, o seu teor e a sua velocidade — não somente influenciam a opinião pública e as políticas das sociedades avançadas. Elas também são um poderoso instrumento da estratégia militar.[6]

Nesta conclusão constata-se que *a CNN atende aos aspectos que podem ser aplicados para a geocomunicação, ou seja, a comunicação estratégica que carrega os interesses geopolíticos do emissor falante.* A geopolítica pode ser conceituada como as ações planejadas pelas nações para manter sua hegemonia sobre territórios e atividades de interesse nacional ou corporativo. A *geocomunicação é uma palavra polissêmica* e seu significado pode ser interpretado também como uma forma de comunicação utilizada para atingir os objetivos traçados pela geopolítica. Reside numa *comunicação estratégica* para a manutenção da hegemonia de acordo com os interesses geopolíticos. Sua viabilização se concentra nas agências de notícias internacionais e nos canais de notícias 24 horas, mas vislumbra a reprodução na pequena imprensa.

As informações vindas dos países que dominam o crescimento econômico aumentaram as disparidades regionais e escancararam as diferenças, razões pelas quais aumentaram também os conflitos políticos para a manutenção das características sociais e dos seus valores regionais. Isso beneficiou a manutenção da cultura local e trouxe a seguinte provocação: é possível uma nova ordem eletrônica internacional? Nos últimos quarenta anos a palavra "informação" esteve intimamente ligada ao desenvolvimento da eletrônica moderna. Os japoneses foram os primeiros a aplicar o nome de sociedade informativa a essa etapa do crescimento mundial. A informação é tida como um tipo de artigo como qualquer outro industrializado. Porém, ela constantemente adquire uma utilidade adicional, podendo passar de um fax para um jornal, de uma revista para um programa de rádio, de um site para um programa de televisão, de uma fotografia para um DVD, e terminar num filme.[7] Em qualquer mídia, uma empresa do grupo CNN estará envolvida.

Com as notícias transmitidas pela CNN não é diferente. Elas ganham formatos diversos em programas de televisão de todo o mundo. Ilustram telejornais e apóiam debates calorosos, viram matérias de jornais e revistas, são citadas por rádios e viram teses acadêmicas. Menosprezar esses caminhos é fechar os olhos para o trânsito e para as implicações da comunicação internacional. O jogo do poder mundial entrou na fase da informação e, também nesse ponto, os Estados Unidos possuem uma enorme vantagem sobre os rivais.

Desde o início da televisão brasileira, nos anos 1950, o nosso telejornalismo sofre influência dos Estados Unidos, e nunca existiu autonomia. As emissoras UHF são alternativas para a geração de informações descompromissadas do poder central de distribuição de notícias, que são as grandes redes nacionais e as TVs *all news* internacionais. Pode-se utilizar canais de fornecimento de notícias para essas mesmas agências. A CNN aceita contribuições de emissoras do mundo todo para a exibição no programa CNN World Report, "uma janela para o mundo".

Nesta pesquisa não há nada que comprove alguma intenção da CNN ou das agências de notícias de atrapalhar o desenvolvimento dos países emergentes. Se as redes *all news* estivessem dispostas a cooperar para melhorar a difusão de informação sobre todos os países do mundo, manteriam escritórios em nações em desenvolvimento, jornalistas nativos, bem como equilibrariam o tempo destinado aos assuntos divulgados. Mas isso é sonhar muito alto e acreditar que a utopia é mais forte que a história.

As discussões e propostas sobre a informação na nova ordem internacional promovidas por diversas entidades internacionais, com o apoio da Unesco, não foram levadas a cabo quando se evidenciou o poder de penetração da CNN. Como é possível definir liberdade de intercâmbio de idéias e de informações em uma situação caracterizada por relações de força entre a metrópole e o restante dos países, sendo que os Estados Unidos controlam mais de 65% do fluxo de informações e idéias que circulam no mundo?[8] Quem ganha e quem perde nesse jogo de poder tecnológico incalculável e sem domínio está, de toda forma, ligado à indústria dos satélites, que já disputa espaço no universo.

A televisão nos Estados Unidos dirige-se a um público amplo, porém bem definido, e sua função simbólica consiste em reforçar a convicção de que aquele país é uma democracia, de que sua economia se acha baseada na concorrência, no livre mercado, e que, muito provavelmente, Deus é um homem branco que apóia aquela nação. A classe média norte-americana é a base da mensagem. A comprovação dessas suposições nunca aparecerá na televisão, tampouco será mostrada pelas imagens da CNN ao mundo. A mensagem a ser passada, portanto, é a de que, dentro do mundo desenvolvido, a sociedade norte-americana é a meta final e mais desejável, e tudo o que forma a periferia desse centro de poder é ridículo.[9]

O senso de ridículo parece que já foi esquecido pelo cerimonial norte-americano. O presidente Bush, em discurso a bordo do porta-aviões declarando o fim da guerra contra o Iraque, tinha um cenário muito sugestivo: norte-americanos vestiam camisas formando um mosaico com as cores da bandeira do Iraque, e isso foi uma referência explícita ao domínio dos Estados Unidos sobre aquele país invadido. E atualmente, até as agências de notícias internacionais mais tradicionais, como a Reuters, se utilizam da CNN como fonte:

> "O presidente também dirá ao povo americano que ainda há objetivos-chave a serem atingidos no país e na guerra mais ampla contra o terrorismo", disse o diretor de comunicações da Casa Branca, Dan Bartlett, à CNN. "Ainda estamos buscando e encontraremos as armas de destruição em massa que Saddam Hussein escondeu." (Site da Reuters, quinta-feira, 1º de maio de 2003, 16h39.)

O caso da CNN reflete os grupos oligopolistas de informação e comunicação que se apresentam como mediadores e, por vezes, como atores principais do processo de solução de problemas da sociedade. É freqüente ver os grupos de comunicação, especialmente rádios e televisões, lançarem campanhas para resolver o problema da segurança, das crianças carentes, da fome, dos idosos, da corrupção, de desastres ecológicos — por vezes são assuntos que remetem a outros países e continentes. O público se vê transportado para participar e resolver assuntos mundiais sem sair de casa, apenas fazendo uma ligação telefônica e pagando uma tarifa promocional. Essa forma de participação estimulada pela mídia afasta a sociedade da constatação do fato. Basta ver o problema na TV e contribuir pelo telefone. Nada mais prático.

CONSIDERAÇÕES FINAIS

A investigação científica não termina com seus dados;
ela se inicia com eles. O produto final da ciência é uma
teoria ou hipótese de trabalho e não os chamados fatos.
G. H. Mead, The philosophy of the act, *p. 93.*

A CNN sentiu a perda no campo de batalha e teve de aceitar a Al-Jazeera como parceira que se utiliza dos mesmos métodos de cobrir e divulgar informações estratégicas do mundo árabe para todo o mundo. Com isso, a Al-Jazeera também é usada para a geocomunicação dos países do Oriente Médio. Por isso, é difícil concluir se os canais de TV *all news* espalhados pelo mundo, baseados na experiência bem-sucedida da CNN, vieram para contribuir com o avanço e modernização do telejornalismo ou se atendem prioritariamente aos interesses de suas comunidades de origem. A comunicação estratégica utilizando as redes *all news* é, sem dúvida, um exemplo de geocomunicação que dá o suporte necessário para a geopolítica e a manutenção, difusão e consolidação da hegemonia do emissor da mensagem, quer sejam ocidentais, quer sejam orientais.

Não estamos certos se devemos chamar o momento de globalização ou de americanização. A Europa não mantém com tamanho vigor esse ímpeto imperialista, escuta mais, é mais velha, e seu povo já domina em parte sua necessidade de autoafirmação na geopolítica mundial. Não sabemos se destruir e relegar as culturas tradicionais são requisitos necessários para aumentar o nível de vida. Isso pode depender muito da concepção de "desenvolvimento" difundida pela mídia. Por isso, torna-se possível formular uma acusação contra as exportações de material informativo para os países em desenvolvimento com base em toda uma série de argumentos políticos, financeiros e culturais.

O telejornalismo dos canais *all news* não promete grandes mudanças enquanto o modelo econômico mundial continuar no rumo definido pela era da globalização. O *slogan* da CNN é "Seja o primeiro a saber", e a ele pode ser acrescentado "o que todos devem saber juntos". A Globo News é apenas mais um exemplo de cópia sem criatividade do modelo norte-americano.[10]

Novos atores sociais e políticos têm emergido nessa onda de globalização. São as organizações não-governamentais que promovem fóruns mundiais e obtêm da mídia ampla cobertura — e essa passa a ser uma estratégia para obter espaço no noticiário das TVs *all news* e nas agências de notícias internacionais. Essa oportunidade de "ser notícia" também pode ser utilizada como estratégia de geocomunicação das ONGs, fazendo que o mundo volte os olhos para temas e soluções não abordados pela agenda política mundial.

A diversidade cultural tem sido um foco de resistência ao processo de globalização econômica, e passam a existir novas formas de atividades. São produções locais baseadas em recursos locais. Essas manifestações são conhecidas como "glocalização", termo que reflete a globalização e as diversidades locais e regionais. A retirada, no final de 1994, da CNN de Ted Turner da rede de televisões comerciais russa TV6, que negou à rede de notícias norte-americana um aumento de capital para conseguir os 50% de controle do mercado de informação russo, mostra a existência de uma sensibilização política referente aos perigos de uma direção cultural exterior.[11]

Existe uma saída para o comprometimento dos canais de notícias com seus países de origem: "A chave de todo o sistema está no fato de o lucro das empresas não estar vinculado à audiência que elas atingem. O objetivo é evitar que a busca de lucros maiores pudesse determinar grandes concessões à vulgaridade".[12] Mesmo sem ter o objetivo centrado no lucro, é difícil para as televisões "independentes" fechar os olhos para a ditadura da pauta imperialista. No caso da Guerra do Iraque, a televisão inglesa também cobriu os acontecimentos que envolviam diretamente os interesses dos ingleses, que participaram das "tropas de coalizão" lideradas pelos Estados Unidos — é o efeito cascata promovido pela CNN.

Após a declaração do fim da guerra, em 1º de maio de 2003, anunciada pelo presidente norte-americano em um porta-aviões com a faixa de "missão cumprida", o que se conclui é que tudo foi mais um teatro de guerra. Dois anos depois, o número de soldados norte-americanos mortos aumentou numa proporção que obrigou os Estados Unidos a intensificar o recrutamento no exército para enfrentar o estado de guerra civil em que se encontra o Iraque. Se de um lado o ex-presidente iraquiano Saddam Hussein, capturado como um fugitivo em uma toca, aguarda um julgamento sem nenhuma chance de absolvição, de outro, a confirmação de que não há armas químicas no Iraque deixou o presidente Bush com a difícil tarefa de pedir desculpas ao mundo por ter inventado essa história. E ele foi desculpado nas urnas que o reelegeram, mesmo tendo gasto nesses dois anos, de março de 2003 a março de 2005, US$ 160 bilhões com o equívoco.[13]

Para comemorar o aniversário de dois anos desse equívoco que custou a morte de milhares de norte-americanos e iraquianos, a CNN transmitiu, em 20/3/2005, o episódio "On the history", tema do programa *Looking at the 2nd Anniversary of the Iraq War and the Legal Battle Over Terri Schiavo* (enfocando o segundo aniversário da Guerra do Iraque e a batalha judicial sobre a eutanásia, travada pela família de Terri Schiavo). Coincidentemente, duas batalhas: uma pela vida e outra que levou a milhares de mortes. Ambas são notícias que interessam ao mundo e, neste estudo, tentamos esclarecer por que o mundo fala primeiro por meio da CNN.

A CNN se auto-intitula, atualmente, "a líder mundial em notícias". Não é exagero. O assustador é como se consegue fazer dessa frase de efeito uma realidade para a qual não há eutanásia que resolva, a menos que se consiga desligar os aparelhos ideológicos do Estado. O resultado, o público vai ser o último a saber.

Notas

1. Michael Polanyi, *Personal knowledge: towards a post-critical philosophy*.

2. Jesús Martín-Barbero, *Os exercícios do ver: hegemonia audiovisual e ficção televisiva*, p. 68.

3. Michael Gurevitch, "The globalization of electronic journalism", pp. 185 e 188.

4. Rafael Ribella, "Geoinformação avança com novas tecnologias", p. Co1.

5. Um título foi localizado em sites de busca, mas não se refere ao conceito traçado neste livro. Catherine Becker e Frederick C. Corey, "Geocommunication: a paradigm of place".

6. Stanley D. Brunn e Jeffrey A. Jones, *Geopolitical information and communications in the twenty-first century*, pp. 292-318.

7. Anthony Smith, *La geopolítica de la información: cómo la cultura occidental domina al mundo*.

8. Armand Mattelart, "Outra ofensiva das transnacionais: as novas tecnologias de comunicação", p. 140.

9. Chakravatti Raghavan, "Uma nova estrutura de comunicação e informação mundial", p. 264.

10. Edgard Rebouças, "Desafios da televisão brasileira na era da diversificação", p. 79.

11. Jorg Becker, "Tendencias globales en la comunicación", p. 190.

12. Laurindo Leal Filho, *A melhor TV do mundo*, p. 48.

13. *Folha de S.Paulo*, 27 mar. 2005, p. A18, citando o site www.costofwar.com.

Anexos

ENTREVISTA COM O SOCIÓLOGO OCTÁVIO IANNI*

Página Aberta: Fale para nós de sua formação. Onde estudou? Quais são seus principais títulos obtidos na academia?

Octávio Ianni: Não, não vou contar minha formação. Acho que é uma história pouco original. Posso contar que eu tenho trabalhado no ensino e na pesquisa, com problemas brasileiros, temas com os quais trabalhei bastante e continuo trabalhando. Trabalhei também com temas ligados à América Latina, aos quais, como professor e como pesquisador, também tenho me dedicado bastante. E nos últimos anos — desde 1990, a rigor — tenho trabalhado com a globalização. Portanto, tenho lidado com o Brasil, a América Latina e a globalização. Tenho me dedicado ao ensino, à pesquisa, e tenho escrito vários livros. Sobre o Brasil há um livro que, de certo modo, sintetiza alguns aspectos da minha pesquisa, que é a idéia de "Brasil moderno". Sobre a América Latina há um livro que também sintetiza aspectos do meu trabalho, que é o *Labirinto latino-americano*, e por fim há um livro sobre a globalização que, de certo modo, sintetiza uma parte interessante do trabalho, que me parece interessante, sobre a globalização, que é *Teorias da globalização*. Esses três livros foram publicados pela editora Civilização Brasileira. Claro que eu tenho alguns outros livros publicados pela Vozes, pela Brasiliense e por outras editoras.

PA: Ao todo, quantos livros o senhor já publicou?

OI: Não, eu nunca conto, porque eu acho que isso não faz sentido. E mesmo que soubesse, eu não contaria.

PA: Por que escolher escrever sobre sociologia?

OI: Eu sempre me interessei pelo campo da sociedade, da vida social, dos problemas sociais. Pouco a pouco, fui me encaminhando para um trabalho mais sistemático, mais profissional, na área da sociologia. Mas, como sociólogo, eu creio que isso seria interessante, em geral, para sociólogos, como é fundamental para o jornalista e para o economista. Para o estudioso, é importante que nós sejamos abertos às várias perspectivas, aos vários campos de trabalho. O jornalista precisa estar mais ou menos familiarizado com a economia, com a política, com a história, e eventualmente com outros problemas. Eu acho que o sociólogo também deve estar familiarizado com problemas do jornalismo, da história, da economia, da política... Então, as pessoas se dedicam a um campo específico, mas o ideal é que elas sejam capazes de perceber a riqueza dos problemas que são colocados por outras disciplinas. *É fundamental que o intelectual, o professor, o pesquisador, o jornalista, o militante sejam plurais, sejam capazes de perceber a riqueza dos acontecimentos.* Vou dar um exemplo: se nós examinarmos o que está acontecendo hoje no Brasil, em termos de processo eleitoral, nós imaginamos que se trata de uma controvérsia entre candidatos, entre partidos — aparentemente, é algo perfeitamente localizado. São quatro, cinco candidatos, e cada um tem um perfil, um programa, só que o processo eleitoral não se desenvolve apenas nesse nível. Os candidatos são apenas figurações do processo político, muitas vezes são títeres, fantoches do processo político, porque há jogos de política, isto é, de economia, de história, jogos de estruturas de grupos de poder que muitas vezes são decisivos; então, de repente, um exemplo: a Roseana Sarney some do mapa de um momento para outro porque ela foi bombardeada. Foi bombardeada por quê? Porque ela estava se empenhando bem ou mal? Não, nada disso. O que aconteceu não tem nada a ver com o desempenho dela, foi uma jogada de *realpolitik*, uma jogada de grupos de lutas, que estão em luta pelo poder e que resolveram tirá-la do páreo. O mesmo, agora, está sendo feito com o Lula. Porque o escritório de classificação das nações, que funciona nos Estados Unidos, soltou ontem ou anteontem um documento levantando restrições à candidatura do Lula. Será que esse escritório é inocente e lançou esse relatório apenas porque chegou a uma conclusão brilhante, surpreendente, notável, inteligente? Não, esse escritório seguramente foi orquestrado. Os grandes grupos da política acionaram o escritório para torpedear a candidatura do Lula, como torpedearam, em outro momento, a candidatura da Roseana. Então eu acho que análises desse tipo são possíveis à medida que a gente acompanha também a dimensão política, a dimensão econômica, o jogo da geopolítica em escala mundial. É claro que a geopolítica norte-americana não é inocente nisso tudo, ela está acompanhando, ela recentemente tentou derrubar o Chavez, tudo indica que foi a geopolítica norte-americana que tentou derrubar o Chavez, mas agiram de modo tão boçal que não conseguiram realizar o seu projeto. E tudo foi apresentado como se fosse algo decorrente apenas do jogo interno, da opinião pública venezuelana, de descontentamentos etc., e na verdade isso também foi orquestrado, e a mídia entrou decisivamente na orquestração do que se chama desestabilização do governo Chavez. Então, nesse sentido, é que o jornalista, o sociólogo, o historiador têm que ser plurais. Eles devem ser capazes e abertos para perceber as várias implicações históricas, econômicas, políticas, psicológicas etc. do que está sendo discutido.

PA: Fale um pouco sobre a sua obra *Enigmas da modernidade*.

OI: Esse livro faz parte de uma reflexão que eu desenvolvi tentando apontar alguns problemas intrincados, difíceis, e ao mesmo tempo fascinantes, da história do mundo moderno. Um tema, que é o tema de abertura do livro, é a metáfora da viagem, isto é, de como de repente podemos nos dar conta de que todos somos viajantes. Você é viajante ou retirante ou fugitivo? Eu acho que ninguém sabe o que é. Nós pensamos que estamos no mesmo lugar, pensamos até que estamos tranqüilamente instalados, inseridos, enraizados, mas todos estamos em viagem, seja realmente, fisicamente, seja imaginariamente. E o estar em viagem é uma aventura sempre excepcional. Eu acho que nós todos somos viajantes de uma viagem que começou em 1492, com o descobrimento do Novo Mundo. Todos nós estamos, em alguma medida, metidos nesse enigma. Será que o Novo Mundo é um novo mundo ou é uma caricatura do Velho Mundo?

PA: Existem ainda muitos enigmas para serem desvendados?

OI: Há sempre enigmas, porque na vida humana, na vida social, tudo o que é humano é enigmático, isto é, não está explícito. Será que alguma pessoa é totalmente transparente, límpida...? Será que alguma sociedade é totalmente transparente? E eu volto ao assunto: será que aquilo que o governo diz é aquilo que o governo está realmente fazendo? Ou será que ele está fazendo diferente, ou, muitas vezes, o contrário do que diz? Isso é verdade para tudo que é social. Marx diz: "Aquilo que um partido ou um líder diz de si mesmo não é o que ele é; o que ele é, é aquilo que ele faz. Aquilo que ele diz de si, às vezes, é algo indicativo do que ele é, mas o que ele é realmente é aquilo que ele faz". E, nesse sentido, muita coisa na vida social, seja no nível do indivíduo, seja no nível da sociedade, da história, leva consigo o enigma, e isso não é o mal, é até fascinante. No caso ainda, voltando ao meu livro, um outro capítulo, vamos dizer, das metamorfoses do Novo Mundo, isto é, o Novo Mundo nasceu em 1492 com a descoberta, com Colombo etc., os viajantes. Só que o novo mundo logo se transformou em colônias do império português, do império espanhol, do império holandês, e depois houve outras transformações, e o que nós temos no século XX e no século XXI é um emaranhado de nações diferentes, profundamente diferentes, com algumas semelhanças, sendo que subsiste a interrogação. Como se explica que os Estados Unidos se desenvolvem diferentemente das outras nações? Então isso é um enigma, um enigma teórico, não é um enigma só como metáfora, é um enigma real. Como se explica que as outras nações tiveram o desenvolvimento que tiveram, problemático, e os Estados Unidos tiveram um desenvolvimento notável, mas problemático em outros termos? É um país com graves problemas internos.

PA: Os Estados Unidos foram alvo das nações que não aceitam essa hegemonia. O senhor acredita que os Estados Unidos podem mudar ou rever suas posições políticas para promover a paz?

OI: *Os Estados Unidos não estão interessados na paz, nunca estiveram. Os Estados Unidos estão interessados na paz interna, no controle interno da sociedade e no exercício da supremacia sobre as outras nações.* O que os Estados Unidos fizeram na Venezuela desestabilizou e derrubou o governo Chavez, e o povo pôs o governo Chavez de volta. O que os Estados Unidos fizeram em 1964 no Brasil? Derrubaram o governo Goulart em colaboração com alguns setores internos. O que os Estados Unidos, como país ou como coletividade, fizeram no Chile? A mesma coisa: em 1973 derrubaram o governo democraticamente eleito. *Então, há muitos indícios de que a geopolítica norte-americana só entende a paz desde que as nações estejam alinhadas com a sua geopolítica.* Portanto, não há paz no mundo, e essa guerra contra o Afeganistão (em 2002) é uma prova de que a geopolítica norte-americana está disposta a fazer uma guerra longínqua, absurda, inexplicável, sem um motivo real ou perfeitamente explícito sequer, porque se trata de aproveitar a oportunidade de exercer a sua supremacia e instalar a sua geopolítica na Ásia Central. Nenhum membro do governo norte-americano é capaz de dizer em que medida o Talibã é ou não responsável pelo atentado. Eles têm hipóteses, suspeitas, mas não têm provas — muito menos do

Bin Laden. No entanto, a guerra foi feita, e a guerra está continuando e, seguramente, segundo dizem os próprios norte-americanos, vai continuar, porque se trata de uma oportunidade que a geopolítica norte-americana, isto é, as elites norte-americanas, estão aproveitando para refazer a sua supremacia no mundo. Então, é preciso que a opinião pública nacional e mundial tome consciência de que é uma ilusão que as elites e as classes dominantes nos Estados Unidos tenham compromisso com a paz. Por que a guerra piorou no Oriente Médio? Porque o Sharon enlouqueceu? Não, porque ele teve luz verde dos Estados Unidos, do Bush. Então, nós temos mais uma evidência de que as elites e as classes dominantes dos Estados Unidos não têm compromisso com a paz.

PA: Falando nisso, com o confronto internacional entre várias culturas, qual é o papel do Brasil neste momento de conturbação?

OI: O Brasil sempre teve e continuará a ter um papel adjetivo, porque o Brasil é um país que foi criado desde as raízes na colonização portuguesa. As elites no século XIX e no século XX, e ainda hoje no século XXI, nunca assumiram o país como uma nação soberana, salvo num pequeno período de 1930 a 1964, quando houve um projeto nacional vigoroso e, então sim, houve compromisso com a soberania. Antes, o país era uma dependência do capitalismo mundial desde o período colonial, e hoje o país voltou a ser uma simples dependência do capitalismo mundial. Portanto, o Brasil não tem papel nenhum; ao contrário, apenas responde epidermicamente, mecanicamente, às injunções da transnacionalização. Então veja que paradoxo: o Brasil começou como uma província do mercantilismo com os portugueses e se transformou, no começo do século XXI, em uma província do globalismo. É claro que há uma experiência social notável no Brasil, populações indígenas, populações africanas, imigrantes de várias procedências, então há um convívio notável de diferentes etnias, diferentes culturas etc., mas essa riqueza ainda não aparece no nível da cultura nacional — e muito menos no nível do governo, da gestão, da dirigência do país.

PA: E qual seria a principal forma para que isso acontecesse, para que o Brasil consiga tomar forma, ter sua força?

OI: O Brasil perdeu a chance de ser uma nação soberana.

PA: Quando?

OI: Perdeu totalmente. A ditadura militar degolou estupidamente todas as lideranças e organizações políticas comprometidas com o projeto nacional. Não esqueça que a ditadura militar cassou os direitos políticos de Celso Furtado e Juscelino Kubitschek, dois símbolos do projeto nacional. E os governos civis, posteriormente, desde o primeiro até este, se encarregaram de desmontar as bases econômicas do projeto nacional, e hoje o Brasil é uma terra de ninguém. As corporações nacionais, o FMI e o Banco Mundial decidem questões essenciais do que é a sociedade nacional, do que são as diretrizes nacionais.

PA: E a mídia? A mídia exerce um poder muito forte sobre a sociedade. Na sua opinião, quais são os mecanismos de defesa que nós, que fazemos parte da sociedade, podemos ter?

OI: A mídia sempre foi e continuará a ser um setor fundamental da vida das nações. Mas vamos ser objetivos: a mídia nunca é inocente, a mídia está organizada em termos de empresas, corporações e conglomerados, e faz tempo que a mídia é, principalmente, empresas, corporações e conglomerados transnacionais. Então, o noticiário, na maioria dos países, é um noticiário selecionado por umas poucas organizações dedicadas à informação jornalística. Então, o povo brasileiro, assim como o povo de outras nações, se informa precariamente sobre o que acontece no Oriente Médio. *Faça um exercício: quem, dos leitores, ouvintes e espectadores da televisão, do rádio e dos jornais tem uma idéia clara do que acontece no Oriente Médio? Pouquíssimos. Por que a mídia não se dedica a contribuir para a classificação das audiências, dos leitores, dos ouvintes? Porque a mídia está orquestrada com interesses que estão em causa no Oriente Médio.* Então, o grande problema é como democratizar a mídia. Primeiro, pluralizar as organizações que funcionam na área da mídia, abrir espaços para que floresçam diferentes propostas. Aliás, você sabe que no Brasil não há imprensa alternativa, é muito sintomático, ela não sobrevive, você tem duas ou três, poucas publicações. Tem, no caso, que eu conheço, *Caros Amigos, Fórum...* Tem várias publicações que são alternativas, mas com dificuldades, porque o monopólio que as grandes organizações realizam asfixia, não permite, e se o diretor de um grande jornal disser para uma grande empresa de publicidade: "Não quero anúncio na revista X", a empresa de publicidade não dá anúncio para aquela revista, evidente. Então, democratizar significa, inclusive, quebrar esses esquemas. Agora, eu entendo democratizar também no sentido de que a mídia deve ter a coragem de registrar o que realmente está acontecendo no país, na América Latina e no mundo. *Quem de nós sabe o que realmente está acontecendo na África? Essa é a realidade. Por que não sabemos? Porque não queremos saber? Não, porque a mídia está monopolizada para enfatizar certos temas e esquecer outros.* Você que trabalha na mídia sabe disso: que esquecer é a mais cínica e sofisticada técnica de censura.

PA: Os *reality shows* são uma febre, um sucesso. Queria saber qual sua opinião sobre isso. Por que as pessoas se mostram tão fascinadas pela vida alheia, por essa imagem nula de informações?

OI: Esse é um problema complexo, difícil de explicar, mas eu acho que algumas coisas são mais ou menos evidentes. Naturalmente, o comum dos mortais tem curiosidade sobre a vida pessoal dos outros, seja do vizinho, seja de uma figura pública, seja de um artista, de um ator etc. Essa curiosidade é algo que está, por assim dizer, na sociedade. As pessoas querem saber detalhes, às vezes aspectos mais ou menos, vamos dizer, profissionais etc. Mas há também uma outra dimensão do problema, que é a seguinte: um povo, uma audiência que é bombardeada por esse tipo de novela, que é uma novela da intimidade, da afetividade, da falsificação dos sentimentos e das expectativas e ideais das pessoas — eu digo falsificação com ênfase porque a novela é uma construção arbitrária, sem talento artístico, e apenas como um artifício de auto-ajuda, de uma psicanálise coletiva. Então veja bem, *a priori*, a audiência tem uma curiosidade normal pela particularidade das pessoas, ao mesmo tempo, a audiência está sendo, vamos dizer, "educada", para se interessar pela intimidade das pessoas. Desde que haja essas duas preliminares, você pode jogar a *Casa dos artistas*, o *Big brother*, seja o que for, que a audiência está totalmente preparada para a boçalidade, o pântano, o lixo, que é o que acontece. Então este é o quadro: é uma população que foi "educada", deformada como audiência para lidar com certo tipo de noticiário.

PA: Isso é promovido pela publicidade feita nesses programas?

OI: Aí forma-se uma cadeia. A publicidade favorece os programas que têm audiência, e programas que têm audiência são aqueles que já estão montados nessas preliminares: a curiosidade, a intimidade, a auto-ajuda. O que é a novela? É uma reles literatura de auto-ajuda. Eu digo reles porque é uma psicanálise vagabunda, porque é muito malfeita, sem talento; nenhum dos personagens trabalha, nenhum dos personagens sente fome, nenhum dos personagens tem aqueles mínimos vínculos do que é a existência, a experiência, são todos ficções. Inclusive, os personagens dizem as maiores abobrinhas imagináveis e inimagináveis e a câmera está em close, enfatizando a figura da atriz, do ator que está falando como se fosse uma maravilha... É uma banalidade, uma boçalidade. Ora, com isso se cria uma opinião pública totalmente despreparada. Tenho um amigo que trabalha com cinema e ele diz: "Otávio, você não imagina o que é fazer cinema e teatro no Brasil de hoje". Porque toda a dramaturgia com a qual o público está preparado é a dramaturgia da televisão, isto é, em grande parte, a audiência está deformada por uma dramaturgia que é uma caricatura absurda.

PA: Será que é por isso que o cinema e o teatro não têm força no país?

OI: Eles são aliados aos grupos de poder. Os grandes canais de televisão fazem parte de empresas, corporações ou conglomerados nos quais estão figurões do Estado nacional, figurões do grande poder econômico. Então, há um intercâmbio, há uma capilaridade entre figuras. Eu não vou dar nomes, não é o caso, que tornam a televisão poderosa, monolítica e totalitária, técnica de preparação das mentes e corações da população. Aliás, só um detalhe, veja bem, os candidatos às eleições agora têm um problema sério, que é disputar com a dramaturgia da novela. Então, se você prestar atenção em certos programas de partidos, você vai notar que os programas de partido estão imitando um programa de auditório ou uma cena de novela... E até estava comentando com uma colega sua de Goiânia, que me fez uma entrevista por telefone, e eu disse: o Serra está mal, parado na campanha, sem entrar na qualidade dos candidatos, sem entrar na avaliação, porque ele, do ponto de vista da dramaturgia, da novela, é muito fraco, é simplesmente um amador. Perto dos outros que são hábeis, que são talentosos, que jogam com essa dramaturgia, ele está mal, parado. Olha, não estou fazendo juízo sobre o candidato, estou fazendo juízo, simplesmente, sobre a performance, e a performance tem a ver com o fato de que o público está pré-orientado para sentir melhor os candidatos que correspondem à dramaturgia da novela, do programa de auditório. Pode ser que eu esteja errado, mas eu acho que é uma hipótese que merece atenção. É provável que aí esteja uma chave importante, simultaneamente, do que é a mídia no Brasil, e de como essa mídia não é nada inocente, inclusive influencia decisivamente a política.

PA: A mídia tem o poder de ajudar ou atrapalhar a solução dos conflitos entre as civilizações?

OI: A mídia, em tese, é uma atividade essencial na vida da sociedade. Porque tudo é comunicação, nós estamos em comunicação. Então, se nós temos um código comum, nós podemos nos entender; se temos um compromisso com algo que significa uma boa informação, melhor ainda etc. O que ocorre é que a mídia está ligada, em geral, à organização, e eu repito, *nenhum órgão de comunicação dos grandes é inocente, todos eles têm uma política cultural, um compromisso com o poder.* Eu sei, por exemplo — é um detalhe, não vem ao caso —, eu sei que uma editora propôs a um jornal que fizesse uma matéria sobre meus livros, eu tenho quatro livros sobre globalização, e o jornalista responsável pelo caderno de cultura disse não. Por que ele disse não? Ou porque o que eu escrevi não merece atenção, ou porque o que escrevi não corresponde a um certo tipo de orientação. A minha análise não se afina com a orientação do jornal. Então, veja bem, eu coloco o seguinte: a mídia é um meio de comunicação excepcional, indispensável, mas é fundamental que seja democratizado esse meio, no sentido de que ele seja aberto, abrindo possibilidades para as diferentes correntes, e mais para que ele informe realmente o que está acontecendo no país, na América Latina, no mundo. Agora, é importante reconhecer que o poder legislativo, a sociedade e o processo de democratização cuidem com mais atenção da grande importância que a mídia tem na formação da opinião pública, na informação dos cidadãos, e na preparação da sociedade para compreender-se, para desenvolver-se.

PA: Para encerrar, eu queria saber por que o senhor não gosta de dar entrevistas.

OI: Acontece o seguinte: eu acho que cada um de nós tem uma atividade que é mais ou menos a principal. E eu tenho uma atividade que é importante, que é dar aulas, dar cursos. E uma outra atividade que eu acho que também tem valor é escrever, fazer pesquisas, escrever e publicar. E acho que não é necessário que o autor de um trabalho, seja o autor de um livro de sociologia ou de romance, explique o que fez. Porque toda vez que o autor explica o que ele fez, ele dá uma explicação que é evidentemente empobrecida, porque eu posso ler em cinco ou dez minutos sobre um trabalho que corresponde a um certo tempo. Então, a imagem que o autor dá de seu trabalho tende a ser necessariamente fragmentada, precária, limitada. Eu acho que é interessante chamar a atenção dos ouvintes, da audiência, dos leitores para certos temas, certos trabalhos, certos livros, certos cursos, certas atividades. Mas no momento que a gente começa a querer traduzir o que escreveu, o que resulta é uma versão empobrecida.

PA: Então o interessante seria mudar o foco de uma entrevista?

OI: Eu me dedico, às vezes, a ler entrevistas de escritores de ficção sobre o seu trabalho, porque eu estou interessado em "pescar" qual é o ângulo que ele vai me dar para eu perceber o trabalho dele, e é raro que tenha uma pista interessante. Em geral, é uma série de observações óbvias, sem novidade, ou então um resumo empobrecido do seu trabalho. Mas tem uma outra explicação que é mais sofisticada: é que a estética do texto é diferente da estética da fala, a oralidade e a literalidade são diferentes.

PA: Então, como falar de literatura em televisão?

OI: Impossível. Eu posso ouvir como eu ouvi, eu ouvi Pablo Neruda falando seus poemas, aqui em São Paulo, isso é uma coisa. Agora, se ele fosse querer explicar o que ele estava fazendo como poeta, seria outra coisa. Ele leu com entonação, com ênfases, então fica uma coisa bonita, porque aí é uma leitura do algo que sai escrito, mas note que eu leria diferente. Porque a estética da literalidade é diferente da estética da oralidade, e é difícil que alguém que tenha trabalhado na literalidade consiga reproduzir com a mesma riqueza, de forma calma.

* Entrevista concedida para o programa *Página Aberta*, produzido pela TV UMC e em co-produção com a União Brasileira de Escritores (UBE), durante a Bienal Internacional do Livro de São Paulo, em maio de 2002, no Centro de Exposições Imigrantes, São Paulo, SP. Direção do programa e elaboração da pauta: José Carlos Aronchi. Apresentação: Mariane Barros. Transcrição da entrevista: Ana Paula da Costa.

DISCURSO DO PRESIDENTE DOS ESTADOS UNIDOS, GEORGE W. BUSH, DECLARANDO GUERRA CONTRA O IRAQUE

20 de março de 2003; transmissão ao vivo pela CNN

Meus concidadãos, neste momento, os Estados Unidos e as forças de coalizão estão nos estágios iniciais das operações militares para desarmar o Iraque, libertar seu povo e defender o mundo de um grave perigo.

Sob minhas ordens, as forças de coalizão começaram a bombardear alvos selecionados, importantes militarmente, para minar a capacidade bélica de Saddam Hussein. Essas são as etapas iniciais daquilo que será uma campanha ampla e bem orquestrada.

Mais de 35 países estão nos dando apoio crucial, que vai do uso de bases navais e aéreas à ajuda com inteligência e logística, para o deslocamento das unidades de combate. Toda nação nesta coalizão optou por assumir o dever e compartilhar a honra de servir na nossa defesa comum.

A todos os homens e mulheres das Forças Armadas dos Estados Unidos que agora estão no Oriente Médio: a paz de um mundo atribulado e as esperanças de um povo oprimido agora dependem de vocês.

Essa esperança está bem colocada.

Os inimigos que vocês vão enfrentar conhecerão a sua habilidade e bravura. O povo que vocês libertarão testemunhará o espírito honrado dos militares norte-americanos.

Neste conflito, os Estados Unidos confrontam um inimigo que não tem consideração pelas convenções de guerra nem pelas regras da moralidade. Saddam Hussein posicionou tropas e equipamentos iraquianos em áreas civis, tentando usar homens, mulheres e crianças inocentes como escudo para seus soldados: uma atrocidade final contra seu povo.

Quero que os Estados Unidos e o mundo saibam que as forças da coalizão farão todo esforço para evitar danos a civis inocentes. Uma campanha no terreno árido de uma nação tão grande quanto a Califórnia poderá ser mais longa e mais difícil do que alguns predizem. E ajudar os iraquianos a conseguir um país unido, estável e livre vai requerer nosso constante comprometimento.

Nós entramos no Iraque com respeito pelos seus cidadãos, pela sua grande civilização e pelas religiões que praticam. Não temos nenhuma ambição no Iraque, exceto remover a ameaça e restituir o controle do país ao seu povo.

Sei que as famílias de nossos soldados estão orando para que todos os que estão servindo retornem em breve, sãos e salvos. Milhões de norte-americanos estão orando com vocês pela segurança de nossos entes queridos e pela proteção dos inocentes.

Pelo seu sacrifício, vocês têm o respeito e a gratidão do povo norte-americano, e saibam que nossas forças retornarão logo que a tarefa tiver sido executada.

Nossa nação entra neste conflito relutantemente, embora nosso propósito seja claro: o povo dos Estados Unidos e nossos amigos e aliados não viverão à mercê de um regime ilegal que ameaça a paz com armas de destruição em massa.

Enfrentaremos essa ameaça agora com o exército, a força área, a marinha, a guarda costeira e os fuzileiros navais, para que não tenhamos de enfrentá-la depois com exércitos de franco-atiradores, policiais e médicos nas ruas de nossas cidades.

Agora que o conflito chegou, a única maneira de limitar sua duração é usar uma força decisiva. E eu lhes asseguro: esta não será uma campanha de meias medidas, e não aceitaremos outro resultado que não a vitória.

Meus concidadãos, os perigos para o nosso país e para o mundo serão superados. Atravessaremos esta época de ameaça e prosseguiremos na tarefa da paz. Defenderemos a nossa liberdade. Levaremos liberdade a outros. E haveremos de prevalecer.

Que Deus abençoe nosso país e todos aqueles que o defendem.

PRONUNCIAMENTO DO PRESIDENTE DO IRAQUE, SADDAM HUSSEIN, NO PRIMEIRO DIA DA GUERRA DECLARADA PELOS ESTADOS UNIDOS

Transmissão da TV iraquiana; videoteipe retransmitido pela CNN

(A retransmissão tinha a voz e a imagem de Saddam Hussein, com áudio complementar do tradutor.)

"Em nome de Deus, Todo misericordioso, Todo compassivo."

(Locutor na CNN: "O sinal está chegando agora".)

"Aqueles que são combatidos são tratados injustamente, temos permissão de lutar e Deus nos concederá a vitória."

(Locutor: "Bem, tivemos um início de sinal, mas o perdemos, como vocês podem ver. Essa é TV iraquiana. Sabem, ela deve estar fazendo ajustes — Aí vai".)

"...20 de março de 2003, correspondendo ao 17 de moaharam de 1422 da Hégira. O criminoso, o criminoso Bush Júnior cometeu, ele e seus aliados, um crime que estava ameaçando o Iraque, bem como a humanidade. Seu ato criminoso vem da (ININTELIGÍVEL) e dos atos daqueles que o ajudaram e a seus seguidores. Isso se soma a seus inúmeros e vergonhosos crimes contra o Iraque e a humanidade. Este é o começo de outros crimes.

Oh, iraquianos, e aqueles que cuidam da nossa nação, sacrificando-se por vocês e pelos valores do nosso país, e pelas bandeiras de luta, e pela sua religião e pela alma, pela família, pelo filho. E aqui não vou repetir o que deveria ser dito. É um dever de todo o povo, povo bom. Repito, o que deve ser feito para proteger e defender esta querida nação e os valores sagrados. Mas vou dizer a cada um — é uma obrigação de todos nós, mas eu digo a cada um de nós, a qualquer um de nós, e à família do Iraque, aos crentes, à família honesta que está sendo tratada injustamente pelos seus inimigos, a todos nós, a cada um de nós — temos de lembrar o que foi dito e o que foi pregado. E esses dias se passarão pela vontade de Deus.

Isso vai acrescentar (ININTELIGÍVEL), estes dias vão acrescentar à história de vocês, à (ININTELIGÍVEL) história de vocês, todos vocês, homens e mulheres, pessoas dignas. Esta é a sua parcela de dignidade e vitória, e tudo que elevará sua posição perante Deus e derrubará os infiéis, os inimigos da humanidade e de Deus. E vocês serão vitoriosos, oh, iraquianos, e com vocês estarão... serão vitoriosos com vocês os filhos da sua nação, e serão vitoriosos pela vontade de Deus. E seus inimigos serão humilhados e derrotados, se Deus quiser.

Vão, usem espadas. Eu não (ININTELIGÍVEL) pegue sua espada, não tenho medo. Pegue sua espada. O inimigo está fazendo um grande alarde. O inimigo não será detido exceto pela (ININTELIGÍVEL) que as chuvas caiam de toda maneira, mas a esperança aí está. Que desabem tempestades até surgir a orientação e a injustiça desaparecer. E que a aurora seja a maneira de confrontar todo o mal, e puxe o gatilho e mantenha o fogo. Pegue sua espada. Ninguém sairá vitorioso a menos que seja um homem, um homem corajoso. E prepare uma bandeira e rogue a Deus que as feridas sejam rapidamente curadas.

Caros amigos, aqueles que enfrentam o mal no mundo, aqueles que lutam contra o mal no mundo, que a paz esteja com vocês. Notem como Bush, sem qualquer consideração, subestimou os valores de vocês, vocês que se declaram contra a guerra, e o clamor de vocês, o clamor por paz, e cometeu este crime vergonhoso no dia de hoje. Nós afirmamos em nosso nome e em nome do comando e da liderança, e em nome do povo, o povo que luta, e do seu heróico exército, na sua história de significado para a civilização, nós afirmamos que enfrentaremos os invasores, e vamos acabar com eles, se Deus quiser, a ponto de eles perderem a paciência e qualquer esperança de conseguir aquilo a que foram instigados pelos sionistas — os sionistas criminosos e aqueles que têm planos. Eles descerão aos níveis mais baixos, e serão derrotados, uma derrota que reservamos para eles após terem ido tão longe em sua injustiça e maldade.

Nós amamos a paz e estamos trabalhando pela paz. O Iraque sairá vitorioso. Nós venceremos. E com o Iraque, nossa nação, a humanidade sairá ganhando. E o mal sofrerá de modo a ser incapaz de fazer qualquer mal ou cometer um crime num nível similar à aliança dos sionistas norte-americanos contra as nações, e na vanguarda está nossa digna nação, a nação árabe. Deus é grande. Deus é grande.

No início (ININTELIGÍVEL) na vanguarda está a nossa nação. Deus é grande. Deus é grande. Vida longa ao Iraque e à Palestina. Deus é grande. Deus é grande. E a nossa nação árabe, nação digna, que a nação viva, e a irmandade humana, que ela viva com aqueles que amam a paz e a segurança, e o direito dos povos à liberdade de acordo com a justiça e a igualdade. Deus é grande. E que os perdedores percam. Que o Iraque viva. Vida longa ao *Jihad* e vida longa à Palestina."

DISCURSO DO PRESIDENTE DOS ESTADOS UNIDOS, GEORGE W. BUSH, DECLARANDO O FIM DA GUERRA DO IRAQUE

1º de maio de 2003; transmissão ao vivo pela CNN

Aaron Browb, âncora da CNN: "Mais uma vez, boa noite a todos.

O presidente vai falar em exatamente um minuto a partir de agora a bordo do USS Abraham Lincoln. Como vocês podem ver, os marinheiros estão alinhados sobre o convés, o convés de vôo do gigantesco porta-aviões. Há cinco mil marinheiros a bordo, além de grande parte das equipes de segurança nacional do presidente. O presidente aterrissou de avião, e não de helicóptero. É o primeiro presidente em exercício a fazer isso. De certa forma, é uma oportunidade extraordinária para uma foto, certamente algo que será visto muitas e muitas vezes em comerciais políticos no próximo ano.

Mas esta noite não trata simplesmente de política. O presidente vai declarar que o combate chegou ao fim. Apesar disso, não vai dizer legalmente que a guerra terminou. Essa é uma questão legal complicada, que requer muita coisa do governo dos Estados Unidos quando a guerra é formalmente encerrada, e o presidente não está preparado para isso. O presidente vai agradecer aos soldados, marinheiros e fuzileiros que lutaram na guerra e vai falar também do combate ao terrorismo. Ele começa a falar em breve do USS Abraham Lincoln."

Apresentador: "Senhoras e senhores, o presidente dos Estados Unidos".

George W. Bush, presidente dos Estados Unidos:
"Obrigado. Muito obrigado a todos vocês.

Almirante Kelly, Capitão Card, oficiais e marinheiros do USS Abraham Lincoln, meus concidadãos norte-americanos, as principais operações de combate no Iraque estão encerradas. Na batalha do Iraque, os Estados Unidos e nossos aliados saíram vitoriosos.

E agora, a nossa coalizão está empenhada em trazer segurança àquele país e em reconstruí-lo.

Nesta batalha, combatemos pela causa da liberdade e pela paz no mundo. A nossa nação e a nossa coalizão estão orgulhosas dessa conquista; no entanto, são vocês, membros das Forças Armadas dos Estados Unidos, os responsáveis pela vitória. A sua coragem, a sua disposição em enfrentar o perigo um pelo outro e pelo seu país, tornaram possível este dia. Por causa de vocês, a nossa nação está mais segura. Por causa de vocês, o tirano caiu e o Iraque está livre.

A Operação Liberdade Iraquiana foi executada com uma combinação de precisão, rapidez e arrojo que o inimigo não esperava e que o mundo nunca viu antes.

De bases distantes ou navios no mar, enviamos aviões e mísseis capazes de destruir uma divisão inimiga e/ou atingir um abrigo específico. Fuzileiros e soldados marcharam para Bagdá por mais de 500 quilômetros de solo hostil, num dos mais ágeis avanços na história dos armamentos pesados.

Vocês mostraram ao mundo a capacidade e o poder das Forças Armadas norte-americanas.

Esta nação agradece a todos os membros da nossa coalizão que aderiram a uma nobre causa. Agradecemos às Forças Armadas do Reino Unido, da Austrália e da Polônia, que partilharam conosco as dificuldades da guerra. Agradecemos a todos os cidadãos do Iraque que receberam bem nossas tropas e aderiram à liberação de seu país.

Nesta noite tenho algo especial a dizer para o secretário Rumsfeld, para o General Franks e para todos os homens e mulheres que vestem a farda dos Estados Unidos: os Estados Unidos estão gratos por um trabalho bem realizado.

O caráter das nossas tropas ao longo da história, a ousadia na Normandia, a brava coragem em Iwo Jima, a decência e o idealismo que transformaram inimigos em aliados está plenamente presente nesta geração.

Quando os civis iraquianos olharam para a face dos homens e mulheres servindo, viram força, delicadeza e boa vontade. Quando olho para os membros das tropas dos Estados Unidos, vejo o melhor do nosso país e me sinto honrado de ser comandante-em-chefe.

Nas imagens das estátuas derrubadas testemunhamos a chegada de uma nova era. Durante um século de guerras, culminando na era nuclear, a tecnologia militar foi programada e planejada para infligir destruição numa escala crescente.

Ao derrotar a Alemanha nazista e o Japão imperialista, as forças aliadas destruíram cidades inteiras, enquanto os líderes inimigos que deram início ao conflito ficaram a salvo até os dias finais. O poder militar era usado para dar fim a um regime destruindo uma nação.

Hoje temos o poder maior de libertar uma nação destruindo um regime perigoso e agressivo.

Com novas táticas e armas de precisão, podemos atingir alvos militares sem dirigir a violência contra civis. Não existe nenhum mecanismo humano capaz de remover a tragédia da guerra; porém, já é um grande avanço quando os culpados têm muito mais a temer que os inocentes.

Nas imagens dos iraquianos comemorando vimos também o antigo clamor pela liberdade humana. Décadas de mentiras e intimidação não conseguiram fazer o povo iraquiano amar seus opressores e desejar a própria escravização.

Homens e mulheres em qualquer cultura precisam de liberdade, assim como precisam de comida, água e ar. Em todo lugar aonde chega a liberdade, a humanidade se regozija, e em todo lugar onde a liberdade se manifesta, os tiranos têm medo.

Temos um trabalho difícil a realizar no Iraque. Estamos trazendo ordem a partes do país que continuam perigosas. Estamos buscando e encontrando líderes do velho regime que serão detidos para prestar contas de seus crimes. Começamos a busca armas químicas e biológicas ocultas, e já conhecemos centenas de locais a serem investigados.

Estamos ajudando a reconstruir o Iraque onde o ditador construiu palácios para si mesmo em vez de escolas e hospitais.

E ficaremos ao lado dos novos líderes do Iraque enquanto eles estabelecem um governo do e para o povo iraquiano.

A transição da ditadura para a democracia levará tempo, mas todo esforço vale a pena. Nossa coalizão se manterá até que a tarefa esteja realizada, e então iremos embora, e deixaremos um Iraque livre.

A batalha do Iraque é uma vitória numa guerra contra o terror que começou em 11 de setembro de 2001 e ainda prossegue.

Naquela manhã terrível, dezenove homens cruéis, a tropa de choque de uma ideologia odiosa, mostraram aos Estados Unidos e ao mundo civilizado as suas ambições. Eles imaginaram, nas palavras de um dos terroristas, que o 11 de setembro seria o começo do fim dos Estados Unidos.

Na tentativa de transformar nossas cidades em lugares de matança, os terroristas e seus aliados acreditaram que poderiam destruir a determinação desta nação e forçar nossa retirada do mundo.

Eles fracassaram.

Na batalha do Afeganistão, destruímos o Talibã, muitos terroristas e os campos onde eram treinados. Nós continuamos a ajudar o povo afegão a construir estradas, restaurar hospitais e educar todas as suas crianças.

Todavia, temos também um trabalho perigoso a completar. Enquanto falo, uma força-tarefa de operações especiais liderada pela 82ª divisão aérea está na trilha dos terroristas e daqueles que buscam minar o governo livre do Afeganistão.

Os Estados Unidos e a nossa coalizão haverão de terminar o que começaram.

Do Paquistão às Filipinas e ao Chifre da África, estamos caçando os assassinos da Al-Qaeda.

Dezenove meses atrás, declarei que os terroristas não escapariam à paciente justiça dos Estados Unidos. E até esta noite, cerca de metade dos principais membros da Al-Qaeda foram capturados ou mortos.

A liberação do Iraque é um avanço crucial na campanha contra o terror. Nós removemos um aliado da Al-Qaeda e eliminamos uma fonte de financiamento terrorista.

E uma coisa é certa: nenhuma rede terrorista conseguirá armas de destruição em massa do regime iraquiano, porque o regime não existe mais.

Nestes dezenove meses que mudaram o mundo, nossas ações têm sido focadas, deliberadas e proporcionais à agressão. Nós não esquecemos as vítimas de 11 de setembro, os últimos telefonemas, o frio assassinato de crianças, as buscas em meio aos escombros. Com aqueles ataques os terroristas, e aqueles que os apóiam, declararam guerra aos Estados Unidos, e guerra foi o que tiveram.

Nossa guerra contra o terror está prosseguindo de acordo com os princípios que deixei claros a todos.

Qualquer pessoa que cometa ou planeje ataques contra o povo norte-americano torna-se inimigo deste país e alvo da justiça norte-americana.

Qualquer pessoa, organização ou governo que apóie, proteja ou abrigue terroristas é cúmplice do assassinato de inocentes e igualmente culpado de crimes terroristas. Qualquer regime ilegal que tenha laços com grupos terroristas e busque ou possua armas de destruição em massa é um grave perigo para o mundo civilizado, e será confrontado.

E qualquer pessoa no mundo, inclusive no mundo árabe, que trabalhe e se sacrifique pela liberdade, terá um amigo leal nos Estados Unidos da América.

Nosso compromisso com a liberdade é uma tradição norte-americana, declarado na nossa fundação, afirmado pelas Quatro Liberdades de Franklin Roosevelt, confirmado na doutrina Truman e no combate de Ronald Reagan ao império do mal.

Estamos comprometidos com a liberdade no Afeganistão, no Iraque e numa Palestina pacífica.

O avanço da liberdade é a estratégia mais segura para minar o apelo do terror no mundo. Onde quer que a liberdade se imponha, o ódio dá lugar à esperança.

Quando a liberdade se impõe, homens e mulheres voltam-se para a busca pacífica de uma vida melhor.

Os valores e interesses norte-americanos levam à mesma direção. Somos a favor da liberdade humana.

Os Estados Unidos sustentam esses princípios de segurança e liberdade de muitas maneiras: com todos os instrumentos da diplomacia, o vigor da lei, a inteligência e as finanças.

Estamos trabalhando com uma ampla coalizão de nações que compreendem a ameaça e nossa responsabilidade comum de enfrentá-la.

O uso da força tem sido e permanece o nosso último recurso. No entanto, que todos saibam, amigos ou inimigos, que o nosso país tem uma missão: responderemos às ameaças à nossa segurança, e defenderemos a paz.

Nossa missão continua. A Al-Qaeda está ferida, não destruída. As células espalhadas da rede terrorista ainda operam em muitos países e nós sabemos, pelo serviço diário de inteligência, que eles continuam a conspirar contra os povos livres. A proliferação de armas de destruição em massa é ainda um sério perigo.

Os inimigos da liberdade não estão ociosos, e nós também não. Nosso governo tomou medidas sem precedentes para defender nossa terra natal, e continuaremos a caçar o inimigo antes que ele possa agir.

A guerra contra o terror não terminou, mas ela não é interminável. Não sabemos o dia da vitória final, mas assistimos à virada da maré. Nenhum ato terrorista haverá de modificar nosso propósito, enfraquecer nossa determinação ou alterar nosso destino. A causa deles está perdida. As nações livres se empenharão até a vitória.

Outras nações na história combateram em terras estrangeiras e lá permaneceram para ocupar e explorar esses territórios. Os norte-americanos, após a batalha, nada mais querem que voltar para casa. E essa é a nossa orientação esta noite.

Após servir nos teatros de guerra do Afeganistão e do Iraque, após 160 mil quilômetros do mais longo deslocamento de tropas na história recente, vocês estão a caminho de casa.

Alguns de vocês verão novos membros da família pela primeira vez: 150 bebês nasceram enquanto seus pais estavam no Lincoln. Suas famílias estão orgulhosas de vocês, e a sua nação os receberá de braços abertos.

Também estamos cientes de que alguns bons homens e mulheres não estão fazendo a viagem de volta para casa. Um dos que caíram, o cabo Jason Mileo, falou com os pais cinco dias antes de morrer. O pai dele disse: 'Ele nos ligou do centro de Bagdá não para se vangloriar, mas para dizer que nos amava. Nosso filho era um soldado'.

Cada nome, cada vida é uma perda para nossas tropas, para nossa nação e para os entes queridos que choram sua perda. Não há volta para casa nessas famílias. No entanto, oramos para que no tempo divino o reencontro aconteça.

Aqueles que perdemos foram vistos pela última vez cumprindo seu dever.

O seu ato final nesta Terra foi combater um grande mal e trazer liberdade para os outros.

Todos vocês, todos nesta geração de militares, atenderam ao chamado mais elevado da história: vocês estavam defendendo seu país e protegendo inocentes do mal.

E onde quer que vocês estejam, estarão levando uma mensagem de esperança, uma mensagem antiga e ao mesmo tempo sempre renovada. Nas palavras do profeta Isaías: 'Aos cativos, saiam; e aos que estão na escuridão, sejam livres'.

Obrigado por servir ao nosso país e à nossa causa.

Que Deus abençoe todos vocês. E que Deus continue abençoando a América."

Brown: "O presidente George W. Bush está a bordo do porta-aviões USS Abraham Lincoln, a cerca de 130 quilômetros da costa e voltando para casa tendo recebido muitos aplausos por seu discurso de 25 minutos. O presidente disse que havia trabalho duro a fazer no Iraque. Estamos levando ordem a partes do país que continuam perigosas. A coalizão permanecerá até que todo trabalho seja feito, e aí deixaremos um Iraque livre. O presidente tentou mencionar diretamente os ataques ao país de 11 de setembro de 2001.

Nosso correspondente sênior na Casa Branca, John King, está na Casa Branca. John, o presidente se referiu duas vezes no seu discurso a armas de destruição em massa. Como a Casa Banca está reagindo ao fato de nada ter sido encontrado até agora?"

John King, correspondente sênior da CNN na Casa Brancà: "Estão sensíveis ao fato. E você ouviu o presidente dizer que está confiante de que serão encontradas, que centenas de locais estão sendo investigados. Esse é um dos motivos por que fiquei surpreso de ver aquela faixa de missão cumprida. A Casa Branca entende que, do ponto de vista político, pode-se alegar que a missão não foi cumprida.

As armas de destruição em massa não foram localizadas. O motivo central de o presidente ter ido à guerra não foi provado. O sr. Bush, no entanto, decidiu que precisava fazer seu discurso. Você ouviu as ovações quando ele disse: 'Vocês estão voltando para casa'. Um dos desafios para o presidente é convencer o povo norte-americano de que, enquanto esses milhares voltam para casa, dezenas de milhares podem ficar lá durante dois, três, quatro anos. Eu lhe digo, Aaron, o que mais chamou a minha atenção, porém, se você pensar sobre este momento, é que o Secretário de Estado, Colin Powell, está prestes a ir para Damasco.

O presidente está dizendo que a Síria está apoiando o terrorismo nos territórios palestinos contra Israel e outros lugares. No convés de um porta-aviões, qualquer regime ilegal com laços com grupos terroristas, buscando ou possuindo armas de destruição em massa, é um grave perigo para o mundo civilizado e será enfrenta-

do. O presidente, a bordo de um porta-aviões, falando para o mundo pouco antes de seu Secretário de Estado ir para a Síria, é uma mensagem poderosa: na guerra contra o Afeganistão e no Iraque, o combate está encerrado; quanto à guerra contra o terrorismo, há muita coisa ainda a ser feita".

Brown: "Obrigado, John. Voltaremos às 22 horas no Newsnight com mais detalhes do discurso do presidente e das reações provocadas por ele".

Bibliografia

LIVROS, ARTIGOS E TESES

ADORNO, Theodor. *Televisión y cultura de masas*. Córdoba: Eudecor, 1966.

ALVARADO, Ana B. Uribe. "La telenovela en la vida cotidiana en México: las familias y la televisión — Una unión inseparable". In: FADUL, Anamaria. *Serial fiction in TV: the Latin American telenovelas with an annotated bibliography of Brazilian telenovela*. São Paulo: Núcleo de Pesquisa de Telenovelas, ECA/USP, 1992.

ALVES, Rubem. *Filosofia da ciência*. São Paulo: Loyola, 2000.

ARONCHI DE SOUZA, José Carlos. *Gêneros e formatos na televisão brasileira*. São Paulo: Summus, 2004.

BARTHES, Roland. *Introdução à análise da narrativa*. Petrópolis: Vozes, 1971.

BECKER, Catherine, COREY, Frederick C. "Geocommunication: a paradigm of place". In: CLAIR, R. (ed.). *Expressions of ethnography*. Albany: Suny Press, 2003.

BECKER, Jorg. "Tendencias globales en la comunicación". *Comunicación Social/Tendencias — Informes Anuales de Fundesco*, 1995.

BORELLI, Silvia Helena Simões (org.). *Gêneros ficcionais: produção e cotidiano na cultura popular de massa*. São Paulo: Intercom, 1994.

BRAJNOVIC, Luka. *Tecnología de la información*. Pamplona: Navarra, 1966.

BRASIL, Sérgio de Souza. "A internacionalização na produção das informações". In: MORAES, Denis. *Globalização, mídia e cultura contemporânea: a dialética das mídias globais*. Campo Grande: Letra Livre, 1997.

BRUNN, Stanley D.; JONES, Jeffrey. A. *Geopolitical information and communications in the twenty-first century*. Oxford: Westview Press, 1999.

CANCLINI, Nestor García. *Cultura y comunicación: entre lo global y lo local*. La Plata: Universidad Nacional de La Plata, 1997.

CANEVACCI, Massimo. *Sincretismos: uma exploração das hibridações culturais*. São Paulo: Nobel, 1996.

CARROLL, Raymond. "Television documentary". In: ROSE, Brian (ed.). *TV genres*. Wesport: Greenwood Press, 1985.

CLAVAL, Paul. *Géopolitique et géoestratégie*. Paris: Nathan, 1994.

CNN TELEVISION. *CNN 1980-1990*. Atlanta: CNN, 1990.

COOK, Philip S. *The future of news*. Baltimore: The Johns Hopkins University Press, 1992.

COOPER, Anne; SILVA, Regina. *Game shows: television game shows in Brazil and the United States*, s/d., Paper – College of Communication, Ohio University, Athens.

DEBRAY, Régis. *Vida e morte da imagem*. Rio de Janeiro: Vozes, 1993.

DORNELES, Carlos. *Deus é inocente, a imprensa, não*. São Paulo: Globo, 2002.

DREIFUSS, René Armand. *A época das perplexidades: mundialização, globalização, planetarização — Novos desafios*. Petrópolis: Vozes, 1996.

DUARTE, Luiz Guilherme. *É pagar para ver*. São Paulo: Summus, 1996.

DUNST, Hilary. "Eyewitness video: smart, plucky amateurs are changing the face of TV news". *Video*, abr. 1989.

ELMORE, R. Terry. *Mass media dictionary*. Lincolnwood: NTC Publishing Group, 1996.

ELLUL, Jacques. *Propaganda: the formation of men's attitudes*. Nova York: Vintage Books, 1973.

FADUL, Anamaria. *Serial fiction in TV: the Latin American telenovelas with an annotated bibliography of Brazilian telenovela*. São Paulo: Núcleo de Pesquisa de Telenovelas, ECA/USP, 1992.

FRÉDERIX, Pierre. *Un siècle de chasse aux nouvelles*. Paris: Flammarion, 1959.

GIDDENS, Anthony. *The consequences of modernity*. Stanford: Stanford University Press, 1990.

GOLDBERG, Bernard. "BIAS: The news mafia". In: _____. *A CBS inside exposes how the media distort the news*. Washington: Perennial, 2002.

GRAMSCI, Antonio. *Concepção dialética da história*. Rio de Janeiro: Civilização Brasileira, 1978.

GUREVITCH, Michael. "The globalization of electronic journalism". In: CURRAN, James; GUREVITCH, Michael (eds.). *Mass media and society*. Londres: Edward Arnold, 1991.

JAMESON, Frederic. *Pós-modernismo*. São Paulo: Ática, 1996.

HAUSSEN, Dóris (org.). *Sistemas de comunicação e identidades na América Latina*. Porto Alegre: EDIPUCRS, 1993.

HERBERT, John. *Journalism in the digital age: theory and practice for broadcast, print and on-line media*. Londres: Focal Press, 2000.

HERREROS, Mariano Cebrián. *Géneros informativos audiovisuales: radio, televisión, periodismo, gráfico, cine, video*. Madri: Ciencia 3, 1992.

HERZ, Daniel. *A história secreta da Rede Globo*. Porto Alegre: Tchê, 1985.

HILLIARD, Robert L. *Television station: operations and management*. Stoneham: Focal Press, 1989.

HUNTINGTON, Samuel P. "Choque das civilizações?" In: FONSECA JUNIOR, Gelson (org.). *Temas de política externa II*. Rio de Janeiro: Paz e Terra, 1994.

IANNI, Octavio. *A sociedade global*. São Paulo: Brasiliense, 1992.

_____. *A sociedade global*. Rio de Janeiro: Civilização Brasileira, 1993.

_____. *A sociologia e as questões sociais na perspectiva do século XXI*. Paper. IX Congresso Brasileiro de Sociologia. Porto Alegre, 1999.

_____. *O príncipe eletrônico*. Primeira versão. Campinas: IFCH/Unicamp, 1998. (Mimeo).

_____. *Teorias da globalização*. Rio de Janeiro: Civilização Brasileira, 1999.

JAMESON, Frederic. *Pós-modernismo*. São Paulo: Ática, 1996.

JORDAN, Eason. "CNN revela o horror que ocultou". *O Estado de S. Paulo*, 13 abr. 2003, p. A31.

KOTTAK, Conrad Phillip. *Prime-time society: an anthropological analysis of television and culture*. Califórnia: Wadsworth Publishing Company, 1990.

LE GRAND DICTIONNAIRE UNIVERSEL DU XIXE SIÈCLE. Paris: Larousse, v. XIV, 2002.

LEAL FILHO, Laurindo. *A melhor TV do mundo*. São Paulo: Summus, 1997.

LEIGH, Robert, WHITE, Llewelyn. "Mercadores de palabra y imagenes". In: PYE, Lucian W. (org.). *Evolución política y comunciación de masas*. Buenos Aires: Troquel, 1967.

LEIGHT, Robert D. "Freedom of communication across national boundaries". *Educational Record*, v. XXIX, out. 1948.

LEVI, Ragnar. "Global news". *Global Electronic Journalism (Stockholm University)*, 1999.

LÉVY, Pierre. *Qu'est-ce que le virtuel?* Paris: La Decouverte, 1996.

LINS E SILVA, Carlos Eduardo. *O adiantado da hora*. São Paulo: Summus, 1991.

LULMANN, Niklas. "The world society as social system". *International Journal of System*, v. 8, 1982.

McLUHAN, Marshall. *The global village: transformations in world life and media in the 21st century*. Oxford: Oxford University Press, 1986.

MANNING, David. "The gate keeper: a case study in the selection of news". *Journalism Quarterly*, 27, outono 1950.

MARKS, Leonard. *International conflict and the free flow of information in control of the direct broadcast satellite: values in conflict*. Palo Alto: Aspen Institute Program on Communication and Society, 1974.

MARTÍN-BARBERO, Jesús. *De los medios a las mediaciones*. México: Gustavo Gilli, 1987.

_____. *Os exercícios do ver: hegemonia audiovisual e ficção televisiva*. São Paulo: Editora do Senac, 2001.

MATTA, Fernando Reyes (org.). *A informação na nova ordem internacional*. Rio de Janeiro: Paz e Terra, 1980.

_____. "A evolução histórica das agências transnacionais de notícias no sentido da dominação". In: _____. *A informação na nova ordem internacional*. Rio de Janeiro: Paz e Terra, 1980.

MATTELART, Armand. *Comunicação-mundo*. Petrópolis: Vozes, 1994.

_____. "Outra ofensiva das transnacionais: as novas tecnologias de comunicação". In: MATTA, Fernando Reyes (org.). *A informação na nova ordem internacional*. Rio de Janeiro: Paz e Terra, 1980.

MATTOS, Sérgio (org.). *A televisão na era da globalização*. São Paulo, Salvador: Intercom, Ianamá, 1999.

McLUHAN, Marshall. *The global village: transformations in world life and media in the 21st century*. Oxford: Oxford University Press, 1986.

MEDINA, Cremilda de Araújo. *Notícia: um produto à venda — Jornalismo na sociedade urbana e industrial*. São Paulo: Alfa-Ômega, 1978.

MELO, José Marques de. *A opinião no jornalismo brasileiro*. Petrópolis: Vozes, 1985.

_____. *Para uma leitura crítica da comunicação*. São Paulo: Paulinas, 1985.

_____. (org.). *Gêneros jornalísticos na Folha de S.Paulo*. São Paulo: FTD, 1992.

MORAES, Denis. *Globalização, mídia e cultura contemporânea: a dialética das mídias globais*. Campo Grande: Letra Livre, 1997.

MORAES, Maurício. "Globalização: indicações para uma análise da nova ordem mundial". *Coletânea Cultura e Saber*, Caxias do Sul: UCS, 1998.

MORETZSOHN, Sylvia. *Jornalismo em "tempo real": o fetiche da velocidade*. Rio de Janeiro: Revan, 2002.

NASA. *Memorandum of understanding between the Department of Atomic Energy of the Government of India and the United States*, 1969.

OLIVEIRA, Ariovaldo Umbelino de. "A mundialização do capitalismo e a geopolítica mundial no fim do século XX". In: ROSS, Jurandyr L. Sanches (org.). *Geografia do Brasil*. São Paulo: Edusp, 1998.

_____. "A expansão geográfica das multinacionais". In: ROSS, Jurandyr L. Sanches (org.). *Geografia do Brasil*. São Paulo: Edusp, 1998.

OLIVEIRA, Cláudia B.; QUADROS, Marta; SILVEIRA, Nalú. "O local e o global no olhar televisivo. Estudo comparativo da estética dos telejornais *Em cima da hora*, *International World News* e *Journal*". In: MATTOS, Sérgio (org.). *A televisão na era da globalização*. São Paulo, Salvador: Intercom, Ianamá, 1999.

ORTIZ, Renato. *Mundialização e cultura*. São Paulo: Brasiliense, 1994.

OSTROFF, David H. *et al. Perspectives on radio and television*. Mahwah: Lawrence Erlbaum Associates, 1998.

PATERNOSTRO, Vera I. *O texto na TV: manual de telejornalismo*. Rio de Janeiro: Campus, 1999.

POLANYI, Michael. *Personal knowledge: towards a post-critical philosophy*. Nova York: Harper & Row, 1962.

POSTER, Mark. The mode of information: poststructuralism and social context. Cambridge: Polity Press, 1990.

PRADO, José Luiz Aidar. "Comunicação no mundo global". *Coletânea Cultura e Saber*, Caxias do Sul: UCS, v.2, n. 4, 1998.

PROSS, Harry. *La violencia de los símbolos sociales*. Barcelona: Anthropos, 1983.

RAGHAVAN, Chakravatti. "Uma nova estrutura de comunicação e informação mundial". In: MATTA, Fernando Reyes (org.). *A informação na nova ordem internacional*. Rio de Janeiro: Paz e Terra, 1980.

RAMONET, Ignácio. *A tirania da comunicação*. Petrópolis: Vozes, 1999.

_____. *Geopolítica do caos*. Petrópolis: Vozes, 1998.

_____. "Régimes globalitaires". *Le Monde Diplomatique*, jan. 1997, p.1.

RAMOS, Murilo César. *TV por assinatura: conceito, origens, análise e perspectivas*. Brasília: Universidade de Brasília, ago. 1995. (Mimeo).

_____. "TV por assinatura: a segunda onda de globalização da televisão brasileira". In: MARTHE, Marcelo. "A outra guerra". *Veja*, 2 mar. 2003, p. 72.

MATTOS, Sérgio (org.). *A televisão na era da globalização*. São Paulo, Salvador: Intercom, Ianamá, 1999.

REBOUÇAS, Edgard. "Desafios da televisão brasileira na era da diversificação". In: MATTOS, Sérgio (org.). *A televisão na era da globalização*. São Paulo, Salvador: Intercom, Ianamá, 1999.

REPÓRTERES SEM FRONTEIRAS. "Relatório Anual de 2001". In: DORNELES, Carlos. *Deus é inocente, a imprensa, não*. São Paulo: Globo, 2002.

REZENDE, Guilherme Jorge de. *Telejornalismo no Brasil: um perfil editorial*. São Paulo: Summus, 2000.

RIBEIRO, Darcy. *As Américas e a civilização*. Petrópolis: Vozes, 1977.

RITZER, George. *The Mcdonaldization of society: an investigation into the changing character of contemporary life*. Califórnia: Pine Forge Press, 1980.

RAGHAVAN, Chakravatti. "Uma nova estrutura de comunicação e informação mundial". In: MATTA, Fernando Reyes (org.). *A informação na nova ordem internacional*. Rio de Janeiro: Paz e Terra, 1980.

RAMONET, Ignácio. "Régimes globalitaires". *Le Monde Diplomatique*, jan. 1997, p. 1.

RIBELLA, Rafael. "Geoinformação avança com novas tecnologias". *O Estado de S. Paulo*, 18 maio 2003, p. Co1.

ROSE, Brian (ed.). *TV genres*. Wesport: Greenwood Press, 1985.

ROSENSTIEL, Tom. "The mith of CNN". *The New Republic*, 22-29, ago. 1994, p. 33.

RUBIM, Antonio Albino Canelas. "Política midiatizada: entre o global e o local". *Comunicação e Sociedade*, São Bernardo do Campo: Umesp, n. 33, 2000.

SAFIRE, William. "Editorial do *The New York Times*, 13/09/2001". In: DORNELES, Carlos. *Deus é inocente, a imprensa, não*. São Paulo: Globo, 2002.

SANTOS, Milton. *Técnica, espaço e tempo: globalização e meio técnico-científico informacional*. São Paulo: Hucitec, 1996.

SCHILLER, Herbert. "A livre circulação da informação e a dominação mundial". In: MATTA, Fernando Reyes (org.). *A informação na nova ordem internacional*. Rio de Janeiro: Paz e Terra, 1980.

198 JOSÉ CARLOS ARONCHI DE SOUZA

_____. "As corporações multinacionais de mídia e a transição democrática na América Latina". In: HAUSSEN, Dóris (org.). *Sistemas de comunicação e identidades na América Latina*. Porto Alegre: EDIPUCRS, 1993.

_____. "Entrevista concedida a Lorenzo Vilches". In: MORAES, Denis. *Globalização, mídia e cultura contemporânea*: a dialética das mídias globais. Campo Grande: Letra Livre, 1997.

SCHONFELD, Reese. *Me and Ted against the world: the unauthorized story of the founding of CNN*. Nova York: HarperBusiness, 1995.

SCOTT, George. *Reporter anonymous: the story of the Press Association*. Londres: Hutchinson, 1968.

SILVA, Luis E. Potsch de Carvalho. *Estratégia empresarial e estrutura organizacional nas emissoras de TV brasileiras: 1950-1982*. São Paulo, 1982. Tese de Doutorado — Fundação Getúlio Vargas/Eaesp.

SMITH, Anthony. *La geopolítica de la información: cómo la cultura occidental domina al mundo*. México: Fondo de Cultura Económica, 1984.

SMITH, Perry McCoy. *How CNN fought the war: a view from the inside*. Washington: Diane Publishing, 1991.

SODRÉ, Muniz. "O discurso da neobarbárie". In: MORAES, Denis. *Globalização, mídia e cultura contemporânea*: a dialética das mídias globais. Campo Grande: Letra Livre, 1997.

SOMAVÍA, Juan. "A estrutura transnacional de poder e a informação internacional". In: MATTA, Fernando Reyes (org.). *A informação na nova ordem internacional*. Rio de Janeiro: Paz e Terra, 1980.

SOUSA, Mauro Wilton. "Telenovela brasileira na Europa: uma internacionalização em processo". *Comunicação e Sociedade*, São Bernardo do Campo: Edims, jun. 1994.

SPENCER, G. "Microcybernetic as the meta-technology of pure control". In: SARDAR, Ziauddin; RAVETZ, Jerome R. (eds.). *Cyberfutures: culture and politics on the information superhighway*. Londres: Pluto Press, 1996.

SQUIRRA, Sebastião. *O século dourado: a comunicação eletrônica nos EUA*. São Paulo: Summus, 1995.

_____. *Os meios de comunicação eletrônicos nos EUA e Brasil*. São Paulo: ECA/USP, Pós-graduação/CJE, 1999. (Mimeo).

_____. "O telejornalismo brasileiro num cenário de competitividade". *Intercom — Revista Brasileira de Comunicação*, São Paulo, v. XVIII, n.1, jan./jun. 1995.

TAVARES, Maria da Conceição. "Prefácio". In: DANTAS, Marcos. *A lógica do capital informação*. Rio de Janeiro: Contraponto, 1996.

TEODORO, Gontijo. "Você entende de notícia?" In: SAMPAIO, Mário Ferraz. *História do rádio e da televisão no Brasil e no mundo*. Rio de Janeiro: Achiamé, 1984.

TOFLER, Alvin; TOFLER, Heidi. *Guerra e antiguerra*. Rio de Janeiro: Record, 1994.

TURNER, Ted. "Armas de guerra". *Folha de S.Paulo*, 16 maio 1999, Caderno TV Folha, p. 9.

VARGAS LLOSA, Mario. "A decadência do Ocidente". *O Estado de S.Paulo*, 13 abr. 2003, p. A32.

VESENTINI, José William. *Novas geopolíticas: as representações do século XXI*. São Paulo: Contexto, 2000.

_____. "O papel das informações na guerra do século XXI". In: _____. *Novas geopolíticas: as representações do século XXI*. São Paulo: Contexto, 2000.

VILCHES, Lorenzo. "Globalização comunicativa e efeitos culturais". In: MORAES, Denis. *Globalização, mídia e cultura contemporânea: globalização comunicativa e efeitos culturais*. Campo Grande: Letra Livre, 1997.

WEINER, Richard (ed.). *Webster's new world dictionary of media and communication*. Nova York: Webster, 1996.

WHITE, David Manning. "The gate keeper: a case study in the selection of news". *Journalism Quarterly*, 27, outono 1950.

WHITTEMORE, Hank. *CNN: a história real*. São Paulo: Editora Best Seller, 1990.

WOLTON, Dominique. *War game: l'information et la guerre*. Paris: Flammarion, 1991.

WOSSNER, Mark. "Success and responsibility". In: *Bertelsmann Annual Report 1992/1993*, Gutersloh, s/d.

WURMAN, Richard Saul. *Ansiedade de informação*. São Paulo: Cultura, 1991.

YORK, Ivor. *Jornalismo diante das câmeras*. São Paulo: Summus, 1998.

PERIÓDICOS

Exame. Editora Abril, 23 abr. 1997, p. 32.

Folha de S.Paulo, 27 mar. 2005, p. A18.

Meio e Mensagem, 23 abr. 1996.

O Estado de S. Paulo, 13 abr. 2003, p. A28.

Veja, 19 jun. 2002, p. 32.

SITES

www.abta.org.br
www.cnn.com
www.newswire.com
www.reuters.com
www.satnews.com
www.aljazeera.com
www.uol.com.br
www.costofwar.com

JOSÉ CARLOS ARONCHI DE SOUZA é doutor em Ciências da Comunicação pela Escola de Comunicação e Artes da Universidade de São Paulo (ECA/USP) e mestre em Comunicação Científica e Tecnológica pela Universidade Metodista de São Paulo, onde também fez o bacharelado em Jornalismo e coordenou os estúdios de rádio e televisão da Faculdade de Comunicação Social. Trabalhou em diversas produtoras de vídeo como cinegrafista, editor, produtor, roteirista e diretor. Na Europa, fez visitas técnicas a redes de televisão, entre elas a RTP de Portugal, a TeleMontecarlo de Mônaco e a BBC inglesa. Em Londres, estudou no South Thames College. Cursou Produção de Externas e Uso do Vídeo na Educação no Goldsmiths College da University of London. Coordenou os cursos de Jornalismo e Publicidade e implantou a habilitação Rádio e Televisão na Universidade de Mogi das Cruzes (UMC). Trabalhou nas TVs Globo e Cultura de São Paulo e foi diretor da TV UMC. Professor de telejornalismo, organização e direção de produção e projetos em televisão, ministrou cursos nas universidades de Bauru (atual Unesp), Metodista, Católica de Santos e Fundação Instituto Tecnológico de Osasco (FAC-Fito). A convite da Federação Nacional de Jornalistas (Fenaj), deu cursos de capacitação para jornalistas em Palmas (TO) e Porto Velho (RO). Produziu, dirigiu e coordenou inúmeros programas informativos e educativos em TVs universitárias, públicas e comunitárias. Atualmente é professor e coordenador dos Laboratórios de Imagem e Som (Lis) do Centro Universitário Nove de Julho (Uninove), em São Paulo. É autor de *Gêneros e formatos na televisão brasileira* (Summus, 2004).

leia também

GÊNEROS E FORMATOS NA TELEVISÃO BRASILEIRA
José Carlos Aronchi de Souza

Único livro em português sobre o assunto. Baseado numa pesquisa de mais de dez anos, o autor identifica as características técnicas e de produção dos diferentes gêneros de programa da TV. Em linguagem clara e acessível, oferece um manual prático para estruturação de programas. Obra imprescindível para estudantes de Rádio e TV, e fundamental na biblioteca de jornalistas, diretores de mídia e professores.
REF. 10859   ISBN 85-323-0859-7

...E A TELEVISÃO SE FEZ
Ellis Cashmore

Análise do impacto que a TV causou sobre nossa cultura. São analisados o aumento da violência, a redução do hábito de leitura e a alienação política. A TV é vista como uma das forças básicas em nossa sociedade e um dos pilares da sociedade de consumo. Em estilo agradável e acessível, o livro apresenta conclusões surpreendentes e provocantes.
REF. 10629   ISBN 85-323-0629-2

ATRÁS DAS CÂMERAS
RELAÇÕES ENTRE CULTURA, ESTADO E TELEVISÃO
Laurindo Lalo Leal Filho

Um panorama das relações entre a televisão, o Estado e a cultura brasileiros visto através da história da TV Cultura de São Paulo. Um estudo da evolução da televisão brasileira como o mais abrangente instrumento de ação cultural no país. O livro mostra os bastidores de uma televisão não comercial, com as injunções políticas e econômicas que interferem no seu funcionamento.
REF. 10339   ISBN 85-323-0339-0

leia também

MÍDIA: O SEGUNDO DEUS
Tony Schwartz

Uma empolgante viagem ao mundo da mídia, avaliando seu impacto no lar, no mundo dos negócios, na vida religiosa, na educação e na política. Bem-humorado, bem-documentado, com argumentação convincente, este livro obteve grande sucesso nos Estados Unidos e é valioso para compreendermos a realidade "tecnotrônica" que nos envolve.

REF. 10239   ISBN 85-323-0239-4

A DEUSA FERIDA
POR QUE A REDE GLOBO NÃO É MAIS A CAMPEÃ ABSOLUTA DE AUDIÊNCIA
Silvia H. Simões Borelli, Gabriel Priolli (orgs.)

O livro analisa a variação da audiência da TV Globo nos principais mercados, nos últimos trinta anos. Examina o desgaste inerente ao próprio padrão de qualidade, a concorrência de outras emissoras de canais abertos e da TV paga, e os novos hábitos e relações com as mídias e as novas tecnologias assumidos pelos receptores.

REF. 10753   ISBN 85-323-0753-1

JORNALISMO DIANTE DAS CÂMERAS
Ivor Yorke

Um guia prático, para quem deseja se aprofundar na reportagem televisiva, e aprender a enfrentar as dificuldades desta que é uma das mais exigentes áreas no jornalismo. Analisa as funções e as tarefas dos repórteres de TV na equipe editorial, e aborda assuntos como: entrevistas difíceis, coordenação de programas, condução de temas delicados, acesso a material de pesquisa etc., bem como questões éticas relacionadas com a prática da reportagem.

REF. 10617   ISBN 85-323-0617-9

leia também

A MELHOR TV DO MUNDO
O MODELO BRITÂNICO DE TELEVISÃO
Laurindo Lalo Leal Filho

Quando se fala de televisão de alta qualidade, a primeira lembrança é a BBC inglesa. As emissoras educativas brasileiras e alguns canais de TV por assinatura transmitem cada vez mais programas produzidos na Inglaterra, onde as emissoras mantidas por propaganda são submetidas a um rigoroso controle público. Este livro analisa o modelo britânico de rádio e TV e seus padrões de qualidade sem comparação no mundo.
REF. 10596   ISBN 85-323-0596-2

GUERRA E IMPRENSA
UM OLHAR CRÍTICO DA COBERTURA DA GUERRA DO IRAQUE
Verónica Goyzueta e Thierry Ogier (orgs.)

Tendo como base a cobertura da Guerra do Iraque, os textos aqui apresentados propiciam reflexões acerca do papel do jornalismo e dos jornalistas na atualidade, aprofundando temas como censura e autocensura, manipulação de informação, imagens de guerra, a guerra como entretenimento e a busca da objetividade e da honestidade na informação.
REF. 10852   ISBN 85-323-0852-X

TELEJORNALISMO NO BRASIL
UM PERFIL EDITORIAL
Guilherme J. de Rezende

Cuidadoso estudo dos critérios que norteiam os gêneros de telejornalismo, estudando como o tipo de apresentador (repórter, comentarista etc.) reflete o perfil editorial de cada telejornal. Analisa o importante papel da palavra em contraponto à apregoada soberania da imagem. Inclui reflexões de expoentes do jornalismo como Armando Nogueira e Boris Casoy.
REF. 10743   ISBN 85-323-0743-4

IMPRESSO NA
sumago gráfica editorial ltda
rua itauna, 789   vila maria
02111-031   são paulo   sp
telefax 11 **6955 5636**
sumago@terra.com.br